부처님의
정치
수업

부처님의 정치 수업

윤성식 지음

불광출판사

서양의 지식인들이 열광하는 불교는 오늘날 현대인이 처한 많은 문제를 해결할 수 있는 열쇠로 생각되고 있다. 부처님이 생각하신 불교이상국가는 경전에 자세하게 설해져 있다. 경전에 설해져 있는 말씀만 잘 살펴봐도, 오늘날 전 세계가 직면하고 있는 빈부격차, 천민자본주의, 기업의 탐욕, 환경파괴, 각종 갈등을 해결할 수 있다.

나는 오랫동안 불교이상국가의 실제 모습이 대한민국 국민에게 알려진다면 어떤 반응을 보일까 궁금했다. 왜냐하면 경전에 나타난 이상국가는 북유럽 수준을 능가하는 복지국가의 극단으로 보일 수 있기 때문이다. 불교가 이상적인 군주로 생각하고 있는 전륜성왕 아소카 왕은 불교이상국가를 추구하였지만, 완전한 실현은 아니었다. 만약 불교가 헬조선이라 불리는 대한민국이 현재 직면하고 있는 심각한 문제를 해결하는 데 기여할 수 있다면, 중생을 구제하겠다는 대승불교의 이상이 실현되는 것이다.

대한민국은 그동안 심한 갈등과 증오로 인한 독기, 분노, 혐오가 극에 달했다. 인공지능과 로봇, 뉴 노멀, 4차 산업혁명의 시대를 맞아, 오랜 침체를 겪고 심한 빈부격차로 몸살을 앓고 있는 대한민국을 재창조해야 하는 시점이 왔다. 모든 정책에 있어서 양쪽으로 나뉘어 서로 갈등하고 증오하는 대한민국에서, 어느 한 쪽이 완벽하게 승리하고 어느 한 쪽은 완벽하게 패배하는 해결책은 우리에게 맞지 않다. 차라리 양쪽의 주장을 하나씩 받아주는 대타협이 우리에게 마지막 남은 기회가 아닐까? 한국적인 특수한 상황에서 보수의 가치인 노동유연화와 규제완화를 실현하고 진보의 가치인 생존의 기본권을 보장하는 중도적 대타협이 갈등과 증오를 최소화하는 국민대통합이다. 네덜란드와 덴마크 등 선진국의 경험은 우리에게 좋은 모델이 되고 있다. 그들의 경쟁력을 증명해주는 경제지표에 용기를 얻어 대타협을 시행해보자.

우리는 그동안 숱한 시행착오를 겪으며 지금의 대한민국을 만들어왔다. 세상은 결코 쉽게 좋아지지 않고 예상한 대로 되지도 않는다. 그러나 "모든 것은 변한다."는 부처님의 말씀처럼 세상은 어차피 변하기 마련이다. '좋게 변하는가, 나쁘게 변하는가'의 두 가지 가능성만 있는 셈이다. 우리가 '세상이 변할 리가 있어? 정치가 밥 먹여줘?'라며 현실정치를 외면하고 냉소하면 세상은 더 나쁘게 변한다. 행복하려면 '나'만 바뀌어서도 안 되고, 세상도 좋은 방향으로 바뀌어야 한다. 나도 바꾸고 세상도 바꾸자.

불교의 세계에서는 그 무엇도 독자적인 실체가 없으니, 정치나 경제도 독자적인 실체가 없다. 비록 이 책의 제목이 '부처님의 정치수업'이지만, 정치와 경제는 구분될 수 없고 상호의존하는 연기적 존재이므로 정확히는 '부처님의 정치와 경제 수업'이 맞을 것이다. 책이 안 팔리는 시대에 출간을 결정해준 불광미디어와 담당자에게 감사드린다.

2017년 부처님오신날을 앞두고
안암동 연구실에서
윤성식 합장

『숫타니파타』에서 "살아 있는 존재는 다 행복하라."고 했다.
행복은 나와 세상의 변화로 가능한 꿈이며, 세상을 가장
쉽고 빠르게 변화시킬 수 있는 정치를 통해 이룰 수 있다.
지금 우리에게 필요한 건 정치무관심과 정치혐오증에서
벗어나 정치의 긍정적인 에너지를 이용하려는 자각이다.

1

"문제는
경제가
아니라
정치야,
바보야"

대한민국의 자살률은 OECD 평균의 2배가 넘고 10년이 넘게 부동의 1위다. 2명 중 한 명 꼴인 노인빈곤율은 OECD 평균의 4배 수준이며, 최저임금 이하를 받는 사람의 비율도 1위다. 기업과 부자는 더욱 부자가 되고 중산층과 서민은 계속 가난해진다.

한 달 한 달 겨우 버티며 살아가는 사람들에게 '행복은 마음먹기에 달렸다. 행복은 내 주변에 있다. 매사에 항상 감사하라.'는 말을 해서는 안 된다. 행복보다 더욱 절실한 것은 생존이다. 세상의 강자들은 '모든 것은 세상에 달렸다' 라고 생각하면서, 세상을 가장 빠르게 바꿀 수 있는 정치에 관심을 기울인다.

부처님은 "모든 것은 변한다〔諸行無常〕."고 했다. 세상 또한 좋은 쪽으로든 나쁜 쪽으로든 변화하기 마련이다. 그 방향은 '나와 정치가 어떻게 변하느냐'에 따라 결정될 것이다. 그렇다면 우리는 정치에 무관심할 수 없고, 세상을 바꾸기 위한 정치에 적극적으로 참여해야 한다.

불행한 현실은
'내 탓'이 아니다

세상의 강자들은 '내 탓'이라고 자책하는 어리석은 행동은 하지 않는다. 그들은 '모든 것은 세상에 달렸다'라고 생각하면서, 세상을 가장 빠르게 바꿀 수 있는 정치에 관심을 기울인다.

"내가 젊고 자유로워서 상상력의 한계가 없을 때, 나는 세상을 변화시키겠다는 꿈을 가졌었다. 그러나 좀 더 나이가 들고 지혜를 얻었을 때, 나는 세상이 변하지 않으리란 것을 알았다. 그래서 시야를 좀 더 좁혀 내가 살고 있는 나라를 변화시키겠다고 결심했다. 그러나 그것 역시 불가능한 일이라는 것을 알았다. 나는 마지막 시도로 나와 가장 가까운 내 가족을 변화시키겠다고 마음먹었다. 그러나 아무도 달라지지 않았다. 이제 죽음을 맞기 위해 자리에 누워 문득 깨닫는다. 만약 내가 나 자신을 먼저 변화시켰더라면, 그것을 보고 가족들이 변화되었을 것을…. 또한 그것에 용기를 내어 내 나라를 더 좋은 곳으로 바꿀 수도 있었을 것을…. 그리고 누가 아는가? 이 세상까지도 변화시켰을지. 모든 것은 나로부터 시작된다. 그리고 모든 것은 내 안의 문제다."

영국 런던의 웨스트민스터 사원 지하에 있는 어느 주교의 묘지 비석에 적혀 있는 글이다. 나는 처음 이 글을 접하고는 크게 감동했다. 그러나 그 감동은 오래 가지 않았다. 나는 더 이상 이 글에 감동을 받지 않는다. 과연 우리가 세상의 문제와 불공정에 대해서, 이런 식의 사고방식을 가질 필요가 있을까? 억울하게 직장을 잃은 실업자, 대학을 졸업하고 10년이 넘도록 계약직으로 사는 비정규직, 연애·결혼·출산을 포기한 3포세대가 '모든 것은 나로부터 시작된다. 그리고 모든 것은 내 안의 문제다.'라고 스스로 자책해야 한단 말인가?

'세상을 바꾸기 전에 나부터 변해야 한다'는 말은 얼핏 맞는 말 같지만, 불교가 배격하는 이분법적 흑백논리에 빠져 있는 말이다. 나와 세상은 분리되어 있지 않고 상호의존적이다. 세상과 나라는 이분법을 떠나 연기의 실상을 깨닫는 것이 불교의 지혜다.

『잡아함경』은 "이것이 있으므로 저것이 있고, 이것이 생기므로 저것이 생긴다. 이것이 없으면 저것도 없고, 이것이 사라지면 저것도 사라진다."라며 연기법의 실상을 설하고 있다. 세상이 있으므로 내가 있고 내가 있으므로 세상이 있으며, 세상이 없으면 나도 없고 내가 없으면 세상도 없다.

좋은 세상을 만들기 위해선 내가 먼저 바뀌어야 하는 것도 아니고, 세상이 먼저 바뀌어야 하는 것도 아니다. 나도 바뀌고 세상도 바뀌어야 한다. '세상은 바뀌지 않으니 나부터 변해야 한다'고 자기 삶 속에 둥지를 틀면, 세상의 불공정한 기존 구조는 더욱 견고하고 강해진다. 세상이 악화될수록 사람들은 좌절하고, 세상의 변화를 추구하기보다는 자기 안으로 더욱 움츠려든다.

행복은 흔히 말하는 것처럼, 마음먹기에 달린 것일까? 행복이란 그렇게 쉽지 않다. 행복전도사로 불리던 최윤희 씨가 남편과 함께 자살을 했다. 그녀는 '자살'이라는 단어를 거꾸로 읽으면 '살자'가 된다며, 삶에 대해 긍정적으로 이야기하고 다녔기에 사람들이 받은 충격은 컸다. 그녀는 루푸스라는 희귀병을 앓았다. 병으로 인한 고통이 너무 심해, 더 이상 살기 힘들다며 남편과 동반 자살을 했다.

나는 그녀를 비난하거나 폄하할 생각이 없다. 그녀가 충분히 이해되기 때문이다. 몸이 지속적으로 아프다면 아무리 마음을 굳게 먹어도 행복해질 수 없다. 몸이 항상 아픈 환자한테 '네가 행복하지 못한 것은 모두 네 탓이야. 마음먹기에 달렸으니 아프다고 징징대지 마.'라고 말할 수 있을까?

'모든 것은 나로부터 시작된다. 그리고 모든 것은 내 안의 문제다.'라는 충고는 세상의 강자가 약자에게 건네는 마약이다. '너희들, 세상을 바꾸려고 노력하지 마. 그래봐야 아무 소용없어. 모든 것은 네 탓이야. 너부터 변해야 돼. 너는 의지와 노력이 부족해.'라고 속삭인다. 그 말은 '너희들은 세상을 바꿀 수 없어. 그러니 집에서 자기 탓이나 해.'라는 의미를 품는다.

좋은 세상을 만들기 위해선
나도 바뀌고 세상도 바뀌어야
한다. '세상은 바뀌지 않으니
나부터 변해야 한다'고
자기 삶 속에 둥지를 틀면,
세상의 불공정한 기존 구조는
더욱 견고하고 강해진다.
세상이 악화될수록 사람들은
좌절하고, 세상의 변화를
추구하기보다는 자기 안으로
더욱 움츠려든다.

세상은 온통 '돈, 돈' 하며 돈의 가치가 우선인 세상이 되었다. '돈의, 돈에 의한, 돈을 위한' 세상이 되었다. 시장자본주의를 살아가는 우리는 시장경제에 의해 가장 많은 영향을 받는다. 돈은 정치, 행정, 사법, 언론, 학문, 예술, 문학까지 모조리 먹어 삼키고 있다. 돈은 우리의 생각과 태도를 바꾸며 모든 인간관계를 지배한다. 이런 상황에서 '모든 것은 나로부터 시작된다. 그리고 모든 것은 내 안의 문제다.'라고 스스로 자책한다면, 세상은 절대 좋아지지 않는다.

세상의 강자들은 '내 탓'이라고 자책하는 어리석은 행동은 하지 않는다. 어수룩한 사람이 '자기 탓'이라고 자신을 괴롭히고 있는 동안, 강자들은 세상을 자기들에게 유리하게 바꾸기 위해 수단방법을 가리지 않는다. 그들은 '모든 것은 세상에 달렸다'라고 생각하면서, 세상을 가장 빠르게 바꿀 수 있는 정치에 관심을 기울인다. 지식인, 종교인, 문학인들은 더 이상 '내 탓이요'라는 말로 사람들을 착각에 빠지게 해서는 안 된다. 뭐든지 괜찮다고 위로만 하는 힐링의 멘토들도 이제 그 위험한 말을 멈춰야 한다. 세상을 있는 그대로 보는 여실지견(如實知見)의 눈으로 우리 삶을 바라보라. 세상은 결코 괜찮지 않다.

흔히 행복은 마음먹기에 달렸다고도 하고 소소한 일상 속 주변에서 쉽게 찾을 수 있다고도 한다. 과연 그럴까? 언제 내쫓길지 모르는 불안감을 안고 사는 직장인이 절반을 넘고, 돈 많은 부모일수록 손을 벌리려는 자녀들의 방문 횟수가 많다. 우리는 경제협력개발기구(OECD) 국가 중 자살률과 노인빈곤율은 최고이고, 행복지수와 출산율은 꼴찌인 나라에 살고 있다. 이런 현실 속에서 주어진 환경에 매사 감사하는 마음으로 살면, 자신이 행복해지고 세상은 좋은 방향으로 변화할까?

낙관도 비관도 긍정도 부정도 하지 않고, 세상을 있는 그대로 보는 여실지견의 자세가 불교적 삶의 핵심이다. 세상의 부조리·불공정·불합리를 있는 그대로 보며 세상을 변화시키는 힘과 지혜를 키워야 할 것이다.

정치가 밥 먹여준다

오늘날 우리가 처한 고통의 상당 부분은 돈으로 인한 경제문제다. 북유럽의 복지국가는 비복지국가보다 월등하게 잘 산다. 우리는 '정치가 밥 먹여준다'는 사실을 명심해야 한다.

부처님은 생로병사의 고통을 해결하기 위해 출가했다. 그렇다면 부처님은 어떤 고통이 가장 큰 고통이라고 했을까? 죽는 고통보다 더 큰 고통이 가난으로 인한 고통이라고 했다. 이처럼 가난은 우리 삶에 크나큰 고통을 안겨준다. 그런데도 사람들은 돈과 행복의 상관관계를 애써 무시하며 가난을 포장하고 합리화한다.

재산이 일정 수준을 넘으면 행복과 상관없다고 하지만, 일정 수준을 넘은 사람도 넘지 않은 사람도 불행하다. 만약 어떤 사람이 '나는 이 정도의 돈이면 충분해. 충분히 행복하니 더 이상 돈이 필요 없어.'라고 말한다면, '돈이 더 있어도 불행해지는 것은 아니지요?'라고 묻고 싶다. 다른 모든 조건이 동일하다면 재산이 더 많다고 나쁠 것은 없다.

통계를 보면 재산이 많은 사람이 행복지수도 높고 건강하며 장수한다. 물론 돈이 일정 수준을 넘어서면 행복도는 완만하게 증가하지만, 과연 재산이 일정 수준에 도달한 국민이 도대체 얼마나 될까? 많은 사람이 돈 때문에 극심한 고통 속에 시달리는 오늘날, '행복이란 돈과 무관하다'는 말은 우리의 가슴을 더욱 답답하게 만든다.

각 나라 국민의 행복도를 설문조사해 보면 방글라데시, 부탄 등의 국가가 최상위를 차지한다. 그런데 그 나라 국민들이 실제로 행복한가에 대해 의문을 갖는 사람이 많다. 그래서 설문조사와 다른 방식으로, 행복에 영향을 미친다고 생각되는 요인을 어떤 나라가 더 많이 갖췄는가에 대한 조사가 이뤄졌다. 이러한 조사에서는 스웨덴, 노르웨이, 핀란드, 덴마크 등 노르딕 국가와 스위스, 네덜란드 등 부자나라 선진국이 행복도가 높은 나라로 나온다.

오늘날 우리가 처한 고통의 상당 부분은 돈으로 인한 경제 문제며 시장의 문제다. 이 문제를 해결하지 못한 채 '행복은 마음먹기에 달렸다. 행복은 내 주변에 있다. 항상 매사에 감사하라.'는 말을 해서는 안 된다. 돈은 행복의 충분조건은 아니지만 필요조건이다. 마음도 충분조건이 아니라 필요조건에 불과하다.

최근 몇 년간 각종 통계를 보면, 대한민국의 경제 규모는 OECD 회원국의 중간쯤 되는데 자살률은 OECD 평균의 2배가 넘고 11년째 1위다. 2명 중 한 명 꼴인 노인빈곤율은 OECD 평균의 4배 수준이며, 최저임금 이하를 받는 사람의 비율도 1위다. GDP(국내총생산) 증가분 중 기업에 가는 비율이 가계로 가는 비

개인의 능력과 노력만큼
돈 버는 세상이 아니라는
것은 우리도 이제 제법
살아보고 겪어봐서 안다.
마음 타령 그만하고 내
능력과 노력만큼 받을 수
있는 세상을 만들어야,
정토가 이 땅에 실현된다.

율보다 더 커서, 기업은 부자가 되고 중산층과 서민은 계속 가난해진다.

한 달 한 달 겨우 살아가는 사람들에게 행복보다 더 절실한 것은 생존이다. 그들에게 행복이란 단어는 사치스럽고 비현실적인 단어다. 하루하루 직장에서 계약직으로 전전긍긍하며 허우적대는 직장인에게는 마음먹을 힘조차 없다. 모두가 미친 듯이 일하고 있는데 과연 누구를 위해 일하고 있는 걸까? 행복하고 싶다면 마음도 중요하겠지만 세상도 그에 못지않게 중요하다. 개인의 능력과 노력만큼 돈 버는 세상이 아니라는 것은 우리도 이제 제법 살아보고 겪어봐서 안다. '마음 타령' 그만하고 내 능력과 노력만큼 받을 수 있는 세상을 만들어야, 정토가 이 땅에 실현된다.

부처님은 길을 잃고 헤매다가 법회에 늦게 도착한 신도에게 먼저 밥을 먹으라고 권한다. 마음이 더 중요하다면 배고픈 상태로 법문을 들으라고 했겠지만, 지치고 배고픈 사람에게 더 절실한 것은 음식이다. 이러한 지극히 상식적이고 과학적인 사실을 알고 있는 부처님의 지혜를 잊지 말아야 한다. 대승불교는 자리이타(自利利他)의 중생구제를 내세웠다. 중생의 가장 큰 고통인 가난을 외면하고 '마음'에만 호소한다면, 이는 진정한 대승이 아닐 것이다.

2차 대전 후 미국은 북유럽국가보다 훨씬 부자나라였지만, 저소득층의 생존기본권 보장에는 소홀했다. 이와 반대로 북유럽국가는 미국보다 가난했음에도 복지국가를 지향했다. 복지국가 망국론이 나온 지 수십 년이 지났는데도, 북유럽국가는 실업률과 경제성장률 등 각종 경제지표에 있어 비복지국가보다 월등하게 좋다. 어떤 정치를 선택하는가에 따라서 이렇게 달라지기 때문에 우리는 '정치가 밥 먹여준다'는 사실을 명심해야 한다.

부처님은 "모든 것은 변한다〔諸行無常〕."고 했다. 세상 또한 좋은 쪽으로든 나쁜 쪽으로든 변화한다. 그 방향은 '나와 정치가 어떻게 변하느냐'에 따라 결정될 것이다. 그렇다면 우리는 정치에 무관심할 수 없고, 세상을 바꾸기 위한 정치에 적극적으로 참여해야 한다.

부처님은 출가자의 정치 개입을 금했다. 백성들에게 도움 되는 일도 아니고, 열반을 지향하는 수행에 방해만 되기 때문이다. 또한 출가자가 국가권력에 다가가면, 나라에 불미스러운 일이 발생했을 때 오해를 살 수 있다고 보았다. 예를 들어 반역 사건이 생기거나 국가의 재보가 분실되었을 때 출가자가 의심을 받을 수 있다는 것이다.

그러나 정치에 관여하는 것을 금한 것은 줄가자에게만 해당되는 일일 뿐이다. 경전에는 경제에 관해 출가자와 재가자를 엄격히 구분해서 매우 대조적인 내용을 설하고 있다. 정치에 있어서도 재가자는 출가자와 달리 정치를 평가·비판할 수 있고, 불교의 이상을 정치에 실현하는 데 참여해도 하등 문제가 되지 않는다.

정치와 국민행복도의
상관관계

세상의 변화를 추구하는 정치는 행복에 중대한 영향을 미칠 수밖에 없다. 생존의 최소 수준이 보장되고 삶의 질이 향상되어야 국민이 행복해질 수 있다는 적극적 태도를 가져야 한다.

스위스는 우리나라 면적의 반 정도에 불과한 작은 나라인 반면, 26개 주(州)로 이뤄진 연방공화국이다. 우리나라로 따지자면 강원도, 제주도, 서울시, 부산시 등이 모두 독립국가나 마찬가지인 나라다. 스위스는 각 주의 규모가 작다보니 직접민주주의가 보편화되어, 웬만한 사안은 주민투표로 결정된다. 그런데 흥미로운 것은 국민 참여와 시민의 자유가 높은 지역에 사는 주민의 행복도가 높게 나타난다. 이처럼 국민이 행복하려면, 정치에 국민의 의사가 많이 반영되고 국민이 자유롭다고 느껴야 한다.

젊은 사람과 노인의 정치 성향이 한국만큼 차이가 많이 나는 나라가 있을까? 우리나라의 지역갈등은 망국병이라고도 한다. 노사갈등, 빈부갈등도 만만치 않다. 〈뉴욕 타임스〉는 한국을 "신경쇠약에 걸린 나라(national nervous breakdown)"로 보도했다. 어느 정신과 의사가 선진국에서 만들어진 지표로 한국 사람들을 평가해봤더니, 절반 이상이 비정상으로 나왔다고 한다. 한국은 유난히 정치가 국민의 행복에 부정적인 영향을 미치는 나라다. 많은 사람이 정치가 행복에 전혀 영향을 미치지 못한다고 생각하지만, 수준 낮은 정치는 갈등, 증오, 혐오, 공포감을 더욱 부추기기 때문에 인간을 불행하게 만든다. 스위스의 사례에서 보듯이 정치와 주민의 행복도 사이에는 상관관계가 있다.

정치가 바람직하면 다양한 이익과 갈등을 잘 조정하여 최선의 타협을 일궈낸다. 반면에 정치가 바람직하지 못하면 정권을 잡기 위해 갖은 권모술수와 편법이 난무해, 국민은 더욱 불행해지고 사회는 독기로 가득 찬다. 정치가 중요한 이유는 무엇보다 경제 문제를 해결할 수 있는 가장 빠르고 효과적인 수단이기 때문이다.

2010년을 기준으로 볼 때, 노년층이 자식으로부터 받는 용돈보다 국가에서 받는 돈이 2배 이상이다. 서울시는 서울시립대의 등록금을 반값으로 인하했다. 성남시는 청년배당 제도를 실시해 만 24세 청년에게 연 100만 원(지역화폐 형식의 상품권)을 지급한다. 부모나 자식이 할 수 없는 일을 정부와 지방자치단체에서 정책으로 채택한 결과다.

게임의 룰을 바꾸어야 경제문제가 해결될 수 있으며, 정치는 게임의 룰을 제일 쉽게 바꿀 수 있다. 우리에게 부족한 것은 경제학 지식이 아니라 경제 문제를 정치적으로 풀어내는 역량이

한국은 유난히 정치가 국민의
행복에 부정적인 영향을
미치는 나라다. 많은 사람이
정치가 행복에 전혀 영향을
미치지 못한다고 생각하지만,
수준 낮은 정치는 갈등, 증오,
혐오, 공포감을 더욱 부추기기
때문에 인간을 불행하게 만든다.
스위스의 사례에서 보듯이
정치와 주민의 행복도 사이에는
상관관계가 있다.

다. 선진국의 경제 정책은 희귀한 경제학 지식이나 기발한 아이디어에 근거한 것이 아니다. 우리가 수없이 들어서 익히 알고 있는 지극히 상식적인 아이디어 중 하나일 뿐이다.

과거에 우리 국민은 정치권력으로부터 피해를 입지 않고 자유롭게 표현하고 행동할 수 있기를 바랐다. 그때는 국가권력에 맞서 민주주의의 실현과 인권의 보장을 소망했다. 이제 우리 국민은 그러한 소극적인 자유 개념에 만족하지 않는다. 정부가 생존에 필요한 최소 수준을 적극적으로 보장해주어야 우리가 진정한 자유를 얻는다. 과거의 자유가 소극적 자유였다면 오늘날 국민이 원하는 자유는 적극적인 자유다.

불교의 연기적 관점에서 보면 행복은 한두 가지 요인에 의해 가능한 것이 아닌데도, 모든 것이 마음에 달렸다고 착각하기 쉽다. 나와 세상은 독자적 실체가 없고 공(空)하며 상호의존하는 연기(緣起)적인 관계다. 그렇기에 행복하려면 나와 세상이 모두 변해야 한다. 세상의 변화를 추구하는 정치는 행복에 중대한 영향을 미칠 수밖에 없다. 행복이란 개인이 만드는 것이라는 소극적 태도에서 벗어나, 생존의 최소 수준이 보장되고 삶의 질이 향상되어야 국민이 행복해질 수 있다는 적극적 태도를 가져야 한다.

학자의 양심과 예술가의 자부심도 돈 앞에서는 번번이 무너진다. 정치인, 공무원, 법조인, 언론인도 돈 앞에서는 추풍낙엽이다. 미국에서는 엄벌에 처해지는 기업범죄가 한국에서는 '경제 살리기'라는 명목 하에 용서된다. 기업이 우리에게 일자리를 주고 먹고 살게 해준다는 국민적 공감대가 있기 때문에, 기업의 범죄에까지 관대하다.

비록 권력이 시장에 넘어갔지만 너무 절망적일 필요는 없다. 경제권력에 부역하는 정치권력을 국민에게 봉사하게 만드는 것은 정치인이 아니라, 국민의 단합된 힘이다. 국민이 선거를 통해 정치권력을 압박함으로써 경제권력을 개혁할 수 있다. 플라톤은 "정치를 외면한 가장 큰 대가는 가장 저질스러운 인간들에게 지배당한다는 것이다."라고 말했다. 정치인에 대한 불신이 팽배하지만, 정치인에 의해 얼마나 제도와 밥그릇의 크기가 바뀌는지 모른다.

정치는 돈과 이익을 놓고 다투는 게임의 룰을 바꾼다. 정치 무관심과 정치혐오증이라는 자해 행위에서 벗어나, 정치에 적극 참여하여 정치의 긍정적인 에너지를 이용해야 한다. 행복하려면 세상을 바꿔야 하고, 세상을 바꾸려면 정치를 바꿔야 하며, 정치를 바꾸려면 국민이 바뀌어야 한다.

"문제는 정치야,
바보야"

자본주의 체제는 시장을 독식한 승자가 정치권력까지 지배하는 시스템이다. 승자 독식의 먹이사슬은 정치를 지배하고 있지만, 먹이사슬을 개혁할 수 있는 힘 또한 정치에서 나온다.

대한민국 곳곳을 장악한 돈의 힘은 무서울 정도다. 요즘 일등 신랑감은 명문대를 나온 법조인도 의사도 아닌, 부동산 임대업자의 외아들이라는 얘기도 있다. 남성의 경우엔, 직장이 없는 여성은 신붓감 상대에서 아예 제외한다고 한다.

어떤 중소기업인이 지인들과 술자리를 함께 하고 있었다. 술이 거나하게 들어가자 자기가 거느리는 정치인, 법조인, 언론인, 학자 등의 인맥을 자랑하며, 그날 밤 자신의 능력을 보여주겠다고 한껏 뽐냈다. 그러고 나서 밤 9시가 넘은 시간에 전화 한 통 했을 뿐인데, 누구나 아는 대한민국 거물 정치인이 30분도 안 되서 술집에 도착하더란다. 경제 규모가 커지다보니 중소기업 정도면 한 달에 몇 억 쓰는 것은 일도 아니다. 몇 억이면 대한민국 곳곳에 자신의 인맥을 구축할 수 있다.

이젠 '정치권력을 어떻게 억제하여 인권을 보장할까' 걱정하는 시대는 지나갔다. 정치권력의 뒤에서 모든 것을 좌지우지하는 돈의 힘을 더 무서워해야 할 세상이 되었다. 돈 앞에서 노예나 다름없이 살아가는 사람들을 보고 '신노예계급의 등장', '신노예시대의 시작'이라고 말하는 학자의 주장을 궤변이라고 할 수만은 없다. 오늘날 많은 한국인은 곳곳에서 사실상 노예처럼 살고 있다. 미국의 중산층이 1920년대의 영국 하인보다 못한 삶을 산다는 '다운튼 애비 이코노미(Downton Abbey Economy)'가 주장되는 것을 보면, 미국의 중산층조차도 이미 신노예계급이나 다름없다.

정치권력이 국민의 눈치를 볼 때는 돈을 앞세운 권력이 약해지지만, 국민의 눈치를 보지 않을 때는 돈권력이 강해진다. 자본주의 체제는 시장을 독식한 승자가 정치권력까지 지배하는 시스템이다. 이제 대한민국을 장악하고 있는 권력화된 먹이사슬을 개혁하여, 생존의 기본권을 보장 받음으로써 진정한 자유를 찾는 운동이 필요한 시점이다.

정치권력을 통제하는 것보다 경제권력을 통제하는 것이 훨씬 더 어려우며, 정치를 개혁하는 것보다 재벌을 개혁하는 일이 10배 100배 어렵다. 누구든지 밥그릇을 건드리면 물어뜯게 되어 있다. 재벌개혁은 재벌의 밥그릇을 직접 건드리는 개혁이기에, 모래알처럼 흩어져 있는 국민은 결코 할 수 없는 일이다. 오직 단결된 국민의 힘만이 정치인을 움직여 개혁을 시작할 수 있다.

국민의 단결된 힘이 변화를
요구하면 경제를 바꿀 수 있는
정치인은 반드시 등장한다.
국민이 '원래 세상은 그런 거야'라며
정치를 외면하면, 돈권력을
통제하겠다는 정치인은 출마해도
낙선한다. 1992년 미국 대선에서
빌 클린턴 민주당 대통령 후보는
"문제는 경제야, 바보야"라는
슬로건으로 부시 대통령을 꺾고
당선됐지만, 나는 "문제는 정치야,
바보야"라고 외치고 싶다.

정부를 비롯해 공기업, 정부산하기관, 언론, 법조계, 학계 등이 개혁되어야 재벌개혁이 성공할 수 있다. 예를 들어 국민연금 경영진은 국민연금이 5,900억 원의 손실을 입어도 1억 원의 개인적 이익이 생긴다면 여전히 못된 짓을 할 수 있다. 이제 단편적인 개혁의 시대는 지나갔고 총체적인 개혁의 시대가 왔다. 그렇기에 재벌만 개혁해서는 결코 소기의 목적을 달성할 수 없으며, 공공부문을 포함한 대한민국을 재창조해야 한다.

불교의 업(業) 사상은 인연법과 결합해서 이해해야 한다. '나쁜 업'이라는 인(因)이 '불공정한 조건·환경'이라는 연(緣)과 결합하면, 바람직하지 않은 결과를 낳는다. 즉 세상이 엉망이면 나쁜 사람도 돈을 번다. 세상을 변화시켜 공정한 조건·환경을 만들어, 나쁜 업의 성공률을 낮추는 것이 불교의 개혁이다. '공정한 시장경제'라는 조건·환경에서는 재벌체제가 존속하기도 어렵지만, 설사 존속한다고 하더라도 성공할 수 없다. 그러므로 우리는 공정한 시장경제의 구축과 함께 재벌개혁을 동시에 추진해야 한다.

승자독식의 먹이사슬은 정치를 지배하고 있지만, 먹이사슬을 개혁할 수 있는 힘 또한 정치에서 나온다. 그러므로 정치의 긍정적인 에너지를 우리가 활용할 수 있어야 한다. 정치가 바뀌어야 재벌도 바뀌고 재벌계열사의 경영도 바뀐다. 노벨 경제학상 수상자인 폴 크루그만은 "정치가 바뀌지 않고서는 결코 경제는 풀리지 않는다."고 했다.

경제 문제의 해법은 정치가 쥐고 있다. 비록 돈 앞에서 정치인은 꼼짝 못하지만, 국민의 단결된 힘이 변화를 요구하면 경제를 바꿀 수 있는 정치인은 반드시 등장한다. 국민이 '원래 세상은 그런 거야'라며 정치를 외면하면, 돈권력을 통제하겠다는 정치인은 출마해도 낙선한다. 1992년 미국 대선에서 빌 클린턴 민주당 대통령 후보는 "문제는 경제야, 바보야"라는 슬로건으로 부시 대통령을 꺾고 당선됐지만, 나는 "문제는 정치야, 바보야"라고 외치고 싶다.

『대반열반경』에 의하면, 마가다국 왕이 부처님께 사신을 보내어 밧지국을 점령할 지혜를 요청했다. 부처님은 사신에게 대꾸하지 않은 채 제자 아난에게, "밧지족이 자주 모임을 갖고 많은 사람이 참석하느냐? 밧지국 사람들은 윗사람 아랫사람이 서로 화목하며 함께 국정을 운영한다는 데 사실이냐."고 묻는다. 우리는 무기나 재정, 인구의 많고 적음을 묻지 않았다는 사실에 주목해야 힌다. 아난이 그렇다고 대답하자, 부처님은 "밧지족은 번영이 있을 뿐 쇠망은 없을 것이다."라고 설했다. 많은 사람이 자주 모임에 참여하여 화목하게 국정을 운영하는 정치적 행위가 국가의 번영에 가장 중요하다는 의미다. 정치가 우리를 부강하게 한다. 게임의 룰을 바꾸는 정치야말로, 세상을 가장 빠르고 효과적으로 변화시킬 수 있다.

국민의 힘은 투표를
통해 극대화된다

나라가 번영하려면 많은 사람이 참여하여 국정을 운영해야 한다. 모든 사람이 반드시 투표하도록 강제할 수 없다면 투표한 사람에게 이익을 주어 투표를 독려할 필요가 있다.

나와 아내는 아이들이 어렸을 때 자주 교육에 대해 논쟁했다. 아내는 어차피 아이들 스스로 깨닫고 습관이 들어야 한다며 자율성을 강조했다. 나는 아이들이 어릴 때는 좋은 말과 행동을 강제하여 몸에 체득하는 게 좋다고 주장했다. 분명 생각과 가치관이 바뀌어야 행동으로 나타나지만, 먼저 행동을 하면 생각과 가치관이 바뀔 수도 있다. "부처가 되었기에 부처의 행위를 하는 게 아니라, 부처의 행위를 하니 부처가 된다."라는 말도 있다. 정치도 마찬가지로 좋은 시민으로서의 행동을 하면 좋은 시민이 될 수 있다.

우리가 민주시민이라면 정치에 대한 대화와 토론 뒤에도 상대와 잘 지낼 수 있어야 한다. 유럽에서는 초등학교 때부터 정치에 관해서 토론을 시작하고, 반대의견을 개진한 아이들과도 사이가 좋다. 만약 우리나라에서 초등학교 때부터 정치에 관해서 토론해야 한다고 하면, 순수한 아이들을 정치에 오염시킨다고 난리가 날 것이다. 나는 초·중·고에서 학생들이 정책에 대해 대화하고 토론하며 정치 교육을 받아야 한다고 생각한다. 이 세상을 조금이라도 좋게 만들기 위해서는 모든 국민이 어렸을 때부터 정치적이어야 한다. 의무적으로 정치에 관한 대화와 토론을 할 때 우리는 좋은 시민이 되는 연습을 하는 셈이다.

대한민국을 자랑스러운 나라로 만들기 위해서는 투표율이 90% 이상 되어야 한다. 민주주의가 탄생한 그리스에서는 투표에 불참하면 관공서 업무에 불이익을 준다. 대한민국에서는 지방자치단체가 투표에 참가하는 사람에게 이익을 주는 조례를 제정할 수 있기에, 지금이라도 당장 마음만 먹는다면 투표한 사람에게 채용시험의 가산점을 주거나 관공서 업무에 이익을 주는 방법도 있다. 투표한 사람에게 이익을 주면 더 많은 국민이 투표하게 되고 국민의 단합된 힘이 형성된다.

대한민국을 수십 년간 지배해온 구조는 시장과 권력의 강자들이 최상위 포식자로 군림하는 형태의 거대한 먹이사슬이다. 좋은 세상을 만들기 위해서는 대한민국을 결박하고 있는 먹이사슬의 고리를 끊고, 정치와 경제를 유기적으로 연결해 대한민국을 지속적으로 성장시키는 가치사슬을 형성해나가야 한다. 디지털경제 시대에는 재벌과 대기업에 의존해서 경제를 운영하는 것은 시대착오적이다. 경제를 결박하고 있는 먹이사슬을 풀고 대

물소나 늑대도 떼를 지어
행동하기 때문에 맹수들의
위협을 물리칠 수 있다.
이처럼 국민이 단합된 힘을
분출해야, 먹이사슬의
최상위 포식자들이 국민을
더 이상 개·돼지로 보지
않고 두려워한다.

한민국의 모든 구성원이 마음껏 역량을 발휘할 수 있도록 대한민국을 재창조해야 한다. 그러기 위해선 정치적으로 응집된 국민의 힘이 뒷받침되어야 한다. 똘똘 뭉친 국민의 힘이 정치인을 통해 표출될 때 비로소 개혁이 가능하다.

'줄무늬 카라카라'라는 새가 있는데, 어른 새가 어린 새들을 공격하기도 한다. 그러면 어린 새들이 집단으로 세력을 형성하여 어른 새의 횡포를 막아낸다. 하이에나는 사자의 상대가 못되지만, 항상 집단으로 행동하기 때문에 사자의 공격을 막아낸다. 물소나 늑대도 떼를 지어 행동하기 때문에 맹수들의 위협을 물리칠 수 있다. 이처럼 국민이 단합된 힘을 분출해야, 먹이사슬의 최상위 포식자들이 국민을 더 이상 개·돼지로 보지 않고 두려워한다.

국민의 단합된 힘을 보여주기 위해선, 먼저 투표하고 대화와 토론에 적극적으로 참여해야 한다. 그리고 반대의견을 경청하고 다양성을 인정하는 연습을 해야 우리의 사고와 가치관이 바뀐다. 민주시민이 되었기에 민주시민의 행위를 하는 게 아니라, 민주시민의 행위를 하니 민주시민이 된다. 민주시민의 행동이란 대화, 토론, 참여, 투표다.

'갈마(羯磨)'는 불교교단에서 의사결정시에 찬반을 묻는 행위인데, 만장일치로 통과되어야 의사결정이 성립한다. 위임을 통해서라도 반드시 투표권을 행사해야 한다. 『사분율』에서는 "희망하는 뜻을 위임하지 않고 떠나면 계율을 범하는 것이다."

라고 했다. 교단이 번영하려면 많은 출가자가 참여하여 교단을 운영해야 하듯이, 나라가 번영하려면 많은 사람이 참여하여 국정을 운영해야 한다. 모든 사람이 반드시 투표하도록 강제할 수 없다면 투표한 사람에게 이익을 주어 투표를 독려할 필요가 있다.

부처님 당시 기존 제도권 종교였던 브라만교는 왕권신수설을 주장하지만, 부처님은 사회계약론과 유사한 주장을 했다. 실질적으로는 왕권신수설이 당시의 현실이었지만, 『장아함경』에서는 다툼의 해결을 위해 "주인을 세우고"라는 표현을 사용함으로써 사회계약론적 군주를 암시하고 있다. 또한 "우리는 이제 곧 한 사람의 평등한 주인을 세워…"라며, 하늘에서 내리는 군주가 아니라 민주주의에 의해 선출되는 왕임을 구체적으로 분명히 밝히고 있다. 불교경전에는 "주인 없는 재산이 왕에게 귀속된다."고 했으니, 군주는 이렇게 막강한 독점권과 강제력을 행사하므로 국민 위에 군림하지 않고 평등해야 한다. 국민이 투표권을 행사할 때 비로소 평등한 리더가 선출되는 것이다.

감성적 뇌가 지배하는
정치 성향

우리는 정치인과 정당을 선택할 때, 이성이 아니라 감성과 정서에 의해 판단한다. 이성에 의해 자신과 국가의 이익을 따져보고 선택하면, 최선은 아니더라도 차선은 된다.

미국 민주당 후보의 돌출행동에 대해, 공화당 유권자들은 도저히 있을 수 없는 일이라며 분개했다. 그러나 민주당 유권자들은 충분히 있을 수 있는 일이라며 포용했다. 반대로 공화당 후보의 돌출행동에 대해서는 민주당 유권자들은 분개했고 공화당 유권자들은 포용했다. 이러한 상반된 반응에 대해 유권자들의 뇌를 검사했더니, 이성보다는 감성을 관장하는 부분이 활성화되어 있었다. 정치적 판단을 하는 뇌는 '감성적 뇌(Emotional Brain)'인 것이다. 우리가 정치인과 정당을 지지할 때, 매우 그럴싸한 합리적 논리를 만들어내지만 실은 감성적으로 좋아하는 것에 불과하다.

미국에서 행복지수가 가장 낮은 곳은 웨스트버지니아 주다. 웨스트버지니아 주는 소득이 미국에서 세 번째로 낮은 지역이기도 하다. 웨스트버지니아 주는 애팔래치안 산맥에 위치해 있는데, 이곳은 미국에서 가장 낙후된 지역이다. 그런데 아이러니하게도 이곳 주민들은 가난한 사람들에게 유리한 정책을 펴는 민주당보다 부자들에게 유리한 정책을 펴는 공화당을 더 많이 지지한다. 우리 정치 현실에서도 이와 유사한 점이 보이는데, 한국의 저소득층도 부자와 대기업의 이익을 대변하는 보수정당을 더 많이 지지한다. 영국의 다이애나 황태자비가 들었던 명품 가방을 사는 소비자의 심리를 살펴보면, 그 가방을 들면 자신의 지위가 격상되는 정서적 만족감을 느낀다고 한다. 이와 마찬가지로 가난한 사람이 부자와 사회의 강자들이 포진한 정당을 지지하면, 자신의 지위가 격상되는 정서적 만족감을 느낄 수도 있다.

대한민국에서는 반공 이념이 얼마나 강한가, 지역이 어디인가에 따라 정치적 성향이 대부분 결정된다. 정당과 정치인을 선택할 때, 내게 어떤 이익을 주는가보다 자신의 정서적인 만족감에 의해 좌우된다. 자신이 선택한 정당을 지지했을 때 뿌듯한 자부심을 느끼기 때문에 지지할 수도 있고, 가슴 속에 맺힌 한이 풀리기 때문에 지지할 수도 있다. 가치와 철학 그리고 국익을 기준으로 정당과 정치인을 선택해야 최선이지만, 최선이 어렵다면 감성과 정서에 의해 선택하는 최악은 피해야 한다. 이성에 의해 자신과 국가의 이익을 따져보고 정당과 정치인을 선택하면, 최선은 아니더라도 차선은 된다.

부처님은 탐·진·치로 인하여
잘못 생각하고 행동한다고
말씀하셨다. 정치적 선택도
욕심·분노·어리석음으로 인하여
감성과 정서의 영향을 받는다.
따라서 좋은 세상을 위해서는,
감성과 정서에 의지하기보다
자리이타와 중생구제의 가치를
현명하게 잘 따져야 한다.

　　미국 남북전쟁이 끝난 뒤, 공화당은 북부가 지지하는 지역정당이었고 민주당은 남부가 지지하는 지역정당이었다. 그러나 지역대결에서 정책대결로 전환되면서, 남부의 백인들이 민주당의 자유주의적 정책에 반감을 느껴 이탈하였다. 흑인과 소수민족 등 소외계층에게 이익이 되는 정책을 추구하는 민주당으로부터 다수의 백인들이 이탈한 것이다. 가난한 백인들에겐 민주당의 정책이 더 이익이지만, 흑인과 소수민족을 꺼리는 감성과 정서 때문에 공화당에 끌렸을 수도 있다.

　　부처님은 탐(욕심)·진(분노)·치(어리석음)로 인하여 잘못 생각하고 행동한다고 말씀하셨다. 정치적 선택도 욕심·분노·어리석음으로 인하여 감성과 정서의 영향을 받는다. 따라서 좋은 세상을 위해서는, 감성과 정서에 의지하기보다 자리이타와 중생구제의 가치를 현명하게 잘 따져야 한다.

　　오늘날 대부분의 사람은 진보 혹은 보수로 분류하기 어렵다. 특정 정책에 있어서는 보수라 할지라도 다른 정책에 있어서는 진보일 수 있기 때문이다. 경제정책에서는 보수, 교육정책에서는 진보, 국방정책에서는 보수, 대북정책에서는 진보일 수 있다. 그런데도 우리는 어떤 사람을 진보나 보수라고 낙인찍고 그 사람이 모든 정책에서 동일한 관점을 갖는 것으로 왜곡한다.

　　진보정당인 노동당 출신 토니 블레어 영국 수상은 반대정당인 보수당의 정책을 채택하면서 제3의 길이라고 멋진 이름을 붙였다. 미국 민주당 출신 클린턴 대통령은 반대정당인 공화당의 정책을 추진하면서 자신이 소속한 민주당 의원들의 반대를 누그러뜨리기 위해 백악관에 수시로 민주당 의원들을 초청해서 식사를 대접하며 설득했다. 한국에서는 2012년 대통령 선거에서 보수정당이 그동안 진보정당의 정책으로 대표되던 복지를 내세웠다.

『숫타니파타』에서는 "어떤 것에 대한 편견과 선입견, 분별심을 내지 말라."고 설한다. 우리는 진보와 보수라는 이분법에서 벗어나, 자신과 국가를 위해 어떤 정책이 제일 좋은가를 고민해야 한다. 자신이 좋아하는 정당의 정책이라면 무조건 지지하는 태도는 불교가 그토록 경계하는 집착이나 고정관념에 불과하다. 하나만을 고집하고 집착하면 자신을 극단에 묶어 족쇄를 채우는 것이며, 부처님의 지혜인 중도(中道)를 외면하고 흑백논리와 이분법의 노예가 되는 것이다. 보수와 진보라는 분별에서 벗어나 우리에게 무엇이 이익인가를 생각해야 한다.

조선시대의 역모몰이와
현대의 종북몰이

조선시대에 정적을 제거하는 가장 무소불위의 요술 방망이는 역모로 모는 것이었다. 한국에서 진보를 '종북좌파 빨갱이'로 치부하는 종북몰이는 현대판 역모몰이다.

유럽과 미국에서 보수는 시장에 개입하지 않고 자율에 맡기지만, 진보는 시장에 많이 개입해 복지를 늘린다. 이로 인해 보수는 정부규모가 작기 때문에 부채가 줄어들지만, 진보는 정부규모가 크기 때문에 부채가 늘어난다. 그런데 한국에서는 이와 정반대다. 오히려 진보정부에서 시장의 자율성을 보장했고, 보수정부에서 시장에 관여하며 관치경제를 한다. 또한 보수정부인 이명박·박근혜 정부 시절, 부채가 급속도로 늘어났다. 원래 보수는 인간의 이성을 신봉하지 않고 관습과 기존 제도를 더 신뢰하는 사람들에게 붙인 명칭이다. 한국에서는 무엇을 기준으로 보수와 진보를 논하는 걸까?

대한민국에는 김정은으로 이어지는 북한의 3대 세습독재 정권을 지지하는 사람은 거의 없다. 이 땅에 종북좌파가 얼마나 된다고 반공에 의해 보수와 진보를 나누고 있을까. 강한 반공은 보수이고 약한 반공은 진보라고 해야 되나? 지구상에서 이런 방식으로 보수와 진보를 나누는 나라는 우리나라밖에 없다.

최순실 게이트로 박근혜 대통령이 탄핵에까지 이르자 어떤 사람이 "JTBC 손석희는 종북좌파 빨갱이야."라고 내뱉는다. 내 기억에 손석희 사장은 단 한 번도 친북 발언이나 행동을 한 적이 없다. 아무 근거도 없이 '종북좌파 빨갱이'로 욕하는 종북몰이는 사실 달리 비판할 것이 없기 때문이다.

'종북좌파 빨갱이'라고 내뱉는 순간, 모든 대화와 토론은 정지된다. 우리는 정치의 영역에서 종교의 영역으로 진입한다. 만약 기독교인이 불교인에게 하느님을 믿어야 천당 간다고 주장하고 불교인이 기독교인에게 부처님을 믿어야 극락 간다고 주장하면, 싸움이 되지 토론이 되지 않는다. 우리가 정말 이 세상을 좋은 세상으로 만들고 싶다면 '나는 기독교가 좋아, 나는 불교가 좋아'라는 종교적 영역에서 벗어나, 어떤 정책과 정당이 내게 더 이익이 되는가를 이기적으로 따져보는 자세가 필요하다.

조광조는 개혁정치를 펴다가 반대파의 모함에 빠져 38세의 나이에 죽는다. 이것이 유명한 기묘사화다. 조광조를 모함하려는 자들은 뽕잎에 꿀로 '주초위왕(走肖爲王, 조광조가 왕이 된다는 의미)'이라는 글자 모양을 바른 다음에, 누에가 갉아먹게 하였다. 이처럼 어처구니 없는 모함도 역모라고 하면 먹혀 들어간다. 을사사화도 대윤이 역모를 꾀했다고 소윤이 비방하여 일으킨 사화다. 무오사화도 김종직의 제자들을 역모로 엮은 사화다. 정여립 역모사건으로 1천여 명이 희생된 기축옥사는 4대 사화로 인해 죽은 500여 명의 두 배가 넘는 희생자를 낳았다.

　　조선시대에 정적을 제거하는 가장 무소불위의 요술 방망이는 역모로 모는 것이었다. 종북몰이는 현대판 역모몰이다. 손석희 사장의 잘못을 제시할 필요도 없다. 손석희를 종북좌파 빨갱이가 아니라고 증명하지 못하면, 종북좌파 빨갱이가 되어버리는 것이다. 프랑스 혁명으로 왕과 귀족을 처형하고 권력을 잡은 시민혁명 세력은 급진과 온건으로 분열한다. 회의할 때 왼쪽(좌)에 급진진보파가 앉았고 오른쪽(우)에 온건진보파가 앉았다. '좌'와 '우'는 진보세력 중에서 급진파와 온건파를 구별하는 단어였다. 그런데 한국에서 좌파란 급진파나 진보를 지칭하는 단어가 아니고, 종북이고 빨갱이다.

　　연구에 의하면 남에게 거짓말을 하는 것이 진화에 유리하다고 한다. 예를 들어 남을 속이고 식량을 빼앗으면 진화에 유리하다. 남에게 거짓말을 하는 것은 물론이고 자기 자신에게 거짓말을 하는 자기기만(self-deception)도 진화에 유리하다. 자기 자신을 속이면 보다 신념에 차서 당당하게 행동할 수 있기에, 거짓을 성공시킬 확률이 더 높아진다. 손석희를 종북좌파 빨갱이라고 공격할 때 정말 그 말을 믿게 되면 훨씬 더 자신에 차서 공격할 수 있다. 손석희를 공격할 때 양심에 걸리거나 마음이 꺼림칙하면 공격의 강도가 떨어진다. 자기 자신도 확실하게 속일 수 있어야

한줌도 안 되는 종북을 인구 절반
수준으로 증가시키는 종북몰이는
북한에게 이로운 이적행위다.
히틀러 밑에서 독일 국민을
세뇌시키는 총 책임자였던
괴벨스는 "흰색을 검은색이라고
하면 처음에는 믿지 않지만,
자꾸 반복하면 결국 국민은 믿게
된다."고 했다. 북한에 대한
공포감이 존재하는 대한민국에서
종북몰이는 아주 쉬운 세뇌
활동이다.

자기의 목적을 더 잘 달성할 수 있다.

인도의 석가족과 콜리아족은 같은 선조로부터 갈라진 두 종족인데, 가뭄에 물싸움을 하다가 급기야 무기를 들고 전쟁의 일촉즉발까지 가게 되었다. 부처님은 양쪽을 중재하면서 "친족들은 서로 화목해야 합니다. 친족이 화목하면 어떤 적들의 침략도 막아낼 수 있습니다. 숲은 거센 태풍이 불어도 나무, 잡초, 덤불, 바위가 하나 되어 온전하지만, 넓은 들판에 홀로 선 나무는 아무리 무성해도 태풍에 뿌리째 뽑힙니다. 평화와 정의를 사랑하는 부족만이 번영할 수 있다는 것을 명심하십시오."라고 말씀했고, 결국 두 종족은 화해했다.

대한민국이 단결해야 북한의 책략을 효과적으로 막을 수 있는데도 불구하고, 정치적 반대편을 모두 종북으로 몰아버리면 대한민국은 약화된다. 한줌도 안 되는 종북을 인구 절반 수준으로 증가시키는 종북몰이는 북한에게 이로운 이적행위다. 히틀러 밑에서 독일 국민을 세뇌시키는 총 책임자였던 괴벨스는 "흰색을 검은색이라고 하면 처음에는 믿지 않지만, 자꾸 반복하면 결국 국민은 믿게 된다."고 했다. 북한에 대한 공포감이 존재하는 대한민국에서 종북몰이는 아주 쉬운 세뇌 활동이다.

대주 선사의 『돈오입도요문론(頓悟入道要門論)』에서는 깨달음의 증거로 사물과 현상을 있는 그대로 보는 여실지견(如實知見)을 든다. 인간은 자기가 보고 싶은 것만을 보고, 듣고 싶은 것만을 듣는다고 한다. 깨달음이란 손석희의 말과 행동을 있는 그대로 보고 손석희가 종북인가 아닌가를 판단할 수 있는 상태를 말한다. 우리가 불자라면 편견, 선입견, 분별심을 떠나 사물과 현상을 여실지견할 수 있는 깨달음을 추구해야 한다.

불신과 혐오를 타파하는
윤리적 리더십

대한민국이 바뀌려면 리더의 역할이 중요하며, 어떤 리더를 선택할지는 국민에게 달렸다. 지금은 그 어느 때보다 솔선수범하는 윤리적 리더십이 절실한 시대다.

"일본은 패했지만 조선은 승리한 것이 아니다. 장담하건대 조선민이 제정신을 차리고 찬란하고 위대했던 옛 조선의 영광을 되찾으려면, 100년이라는 세월이 더 걸릴 것이다. 우리 일본은 조선민에게 총과 대포보다 더 무서운 식민교육을 심어 놓았다. 결국은 서로 이간질하며 노예적 삶을 살 것이다. 보아라! 실로 조선은 위대했고 찬란했지만, 조선은 결국 식민교육의 노예로 전락할 것이다."

1945년 조선총독부의 마지막 총독 아베 노부유키가 조선을 떠나면서 남긴 저주의 말이다. 아베 총독의 예언은 끔찍하도록 소름끼친다. 아베 총독이 현재의 헬조선 대한민국, 노예나 다름없는 비정규직의 나라 대한민국을 보면 어떤 말을 할까? 국민이 서로 이간질하며 분열되면, 시장의 강자가 정치를 앞세워 정권을 장악하고 국민은 노예로 전락한다. 지역편견은 호남에 대한 혐오감에 기초하지만, 종북몰이는 북한에 대한 공포감에 기초한다. 청소년들은 지역갈등보다 세대갈등이 더 심각하다고 생각한다. 대한민국은 증오, 혐오, 갈등, 독기가 난무하는 불신의 나라다.

영국, 독일, 프랑스 등 선진국에서 시행되고 있는 혐오방지법을 이제라도 제정해야 한다. 증오를 유발하는 행동과 표현을 금지하고 표현의 자유도 이에 맞춰 수정되어야 한다. 프란치스코 교황도 표현의 자유를 제한하는 것에 찬성했다. 지역에 대한 혐오, 여성에 대한 혐오, 다른 종교에 대한 혐오, 싫어하는 연예인과 유명인에 대한 혐오, 반대파를 무조건 꼴통보수나 종북좌파로 모는 혐오가 전 세계에서 최고 수준이다.

진정 통합과 화합을 통해 대한민국의 발전을 추구한다면, 한시라도 빨리 혐오방지법을 제정해야 한다. 서로 욕을 하고 독설을 퍼부을수록, 자신의 거짓에 확신을 갖게 되고 관계는 돌이킬 수 없게 된다. 아무리 화가 나도 부부 간에 해서는 안 될 말이 있듯이, 나와 반대의견을 가진 사람에게도 해서는 안 될 말이 있다.

한국인은 똑똑한 민족이며 한국은 아시아에서 가장 정치 선진국이다. 일본보다 먼저 평화적 정권교체를 이뤄냈고, 3·1운동과 4.19혁명이라는 빛나는 역사가 있다. 경선에 의해 정당의 후보를 결정하고 있으며, 가끔 인터넷과 모바일을 통해 표출되는 국민의 단합된 힘은 전 세계 정치학자의 관심이다. 이제 국민 스스로가 서로 신뢰를 회복하며 하나의 대한민국을 만들어야 한다. 그래서 저 아베 총독의 말이 망언이었음을 만천하에 드러내야 한다.

과거에는 일이 잘못되면 무조건 리더의 책임으로 돌렸지만, 이제는 리더와 국민의 공동책임으로 본다. 정치는 국민과 리더가 함께 생산하는 공동생산물이다. 리더에 의해 국민이 영향을 받고 국민에 의해 리더가 영향을 받기 때문에, 리더와 국민은 별개가 아니다. 나라가 잘못되면 대통령과 정치인의 책임뿐 아니라 국민의 책임도 있다.

대한민국이 바뀌려면 리더의 역할이 중요하며, 어떤 리더를 선택할지는 국민에게 달렸다. 마키아벨리는 『군주론』에서 "군주는 여우처럼 교활하고 사자처럼 용맹해야 하며 두려움의 대상이 되어야 한다."고 했고, 막스 베버는 "정치인은 책임감, 헌신, 열정, 균형감각, 판단력, 윤리, 신념 등이 중요하다."고 주장했다. 그런데 역사상 우리의 리더들은 어떤 모습을 보였나? 임진왜란 때 선조는 국민을 버리고 도망가면서 배를 가라앉히고 다리를 끊었다. 6.25전쟁 때 이승만 대통령은 곧 북한을 물리칠 테니 동요하지 말라고 방송하면서, 한강 다리를 폭파하고는 몰래 피난을 갔다. 과연 북한이 침공한다면 우리는 정부를 믿을 수 있을까?

대통령은 모든 영역을 두루두루 꼼꼼하게 살필 수 없다. 모

한 나라의 리더는 당연히 정치적
역량인 여우의 영리함과 사자의
용맹함을 두루 갖춰야겠지만,
더 중요한 것은 국민의 신뢰를
얻을 수 있는 리더의 인격이다.
인격, 즉 사람 됨됨이가 괜찮아야
국민을 위해 헌신하게 된다.
현대는 과거의 그 어느 때보다도
유난히 윤리적 리더가 높은
역량을 발휘하는 시대다.

든 사안에 대해 직접 점검하다간 업무량을 감당할 수 없다. 대통령은 가장 중요한 일, 급박한 일, 위험한 일만 직접 챙겨서 공공 부문의 비어 있고 끊어진 곳을 보완해야 한다. 국민의 생명을 위협하는 긴급하고 위험한 일을 수행할 때에는 오직 대통령만이 결단할 수 있는 사안이 많다. 그때마다 대통령이 과감하고 책임지는 결정을 해야 한다.

미국에 에볼라 바이러스 감염 환자가 한 명일 때, 직접 대책회의를 주도하며 신속하게 초기대응에 임한 오바마 대통령의 모습을 다시 떠올려보자. 노무현 대통령은 국내에 사스 감염 환자가 한 명도 발생하지 않았을 때부터 '사스 방역 대책 본부'를 출범시켜 훌륭하게 대처한 결과, WHO(세계보건기구)로부터 '사스 모범예방국'이라는 평가를 받았다. 그렇다면 메르스 사태 때는 어땠는가? 중동에서 메르스로 인해 사망자가 속출하고 심지어 국내 의심환자가 자진신고를 해도 아무런 대응이 없었다. 세계적 과학학술지 〈사이언스〉는 한국의 메르스 전염은 전례를 찾기 힘든 '슈퍼전파 사건(superspreading event)'이라고 전했다. 그리고 그 사건, 300여 명의 생명을 앗아간 세월호 사건을 기억해보자.

지금은 그 어느 때보다 솔선수범하는 윤리적 리더십이 절실한 시대다. 『장아함경』과 『별역잡아함경』에서도 "군주가 스스로 모범을 보이면 백성도 그대로 따라하며, 국사에 솔선수범을 보이면 왕비, 후궁, 왕자, 대신, 관속들이 따라한다."고 말하고 있다. 한 나라의 리더는 당연히 정치적 역량인 여우의 영리함과 사자의 용맹함을 두루 갖춰야겠지만, 더 중요한 것은 국민의 신뢰를 얻을 수 있는 리더의 인격이다. 인격, 즉 사람 됨됨이가 괜찮아야 국민을 위해 헌신하게 된다. 현대는 과거의 그 어느 때보다도 유난히 윤리적 리더가 높은 역량을 발휘하는 시대다. 우리는 반드시 신뢰할 수 있는 윤리적 리더를 선출해야 한다.

2

현대의 시장자본주의는 소수의 강자에게 일방적으로 부를 몰아주는 승자독식 체제다. 상위 1%가 하위 99%를 지배하는 세상이다. 세상의 불공정과 불공평이 도를 넘고 있으며 빈부격차는 지구 곳곳에서 더욱 더 벌어진다.

인공지능과 로봇, 디지털 경제, 제4차 산업혁명의 시대가 도래했다. 비정상이 정상으로 간주되는 뉴 노멀(New Normal)의 시대에는 새로운 경제정책을 추구해야 한다. 재벌체제를 개혁해 신성장산업과 벤처산업을 육성해야 새로운 시장과 일자리가 창출된다.

부처님은 『장아함경』에서 "바른 법[正法]으로 나라를 다스려라. 부디 치우치거나 억울하게 하지 말라."며 정법국가를 설했다. 대한민국의 모든 구성원이 서로 견제하고 균형을 이루면서 마음껏 능력을 발휘해야 경제성장이 극대화된다. 공정한 시장경제가 실현되고 윤리가 바로 서는 법치국가만이 낡은 재벌체제를 무너뜨리고 정법국가를 실현할 수 있다.

승자독식 경제가
빈부격차를 부추긴다

오늘날 시장자본주의가 과거의 시장자본주의와 다른 특성 중 하나는 승자독식이다. 소수의 강자에게 부를 몰아주는 천민자본주의를 공정한 시장경제로 전환해야한다.

세계 100대 부자들의 연소득은 세계 절대빈곤층을 4번 이상 구제할 수 있을 정도로 많다. 최고의 부자들에게는 슈퍼리치(Super-Rich)라는 표현을 쓰는데, 그들은 돈 버는 일이 아닌 정치 이슈에 가장 많은 시간을 할애한다고 한다. 시장자본주의 제도가 법과 세금을 통해 부자들에게 유리한 환경을 조성해주고 있다는 비판이 이해가 된다. 가난한 사람들이 정치에 냉소적이며 무관심힌 사이에, 그들은 '정치가 부자로 만들어준다'는 생각을 하며 정치에 적극적이다. 슈퍼리치의 투표율이 90%를 상회한다고 하니, 중산층과 서민은 정치혐오증에서 한시라도 빨리 벗어나야 한다.

'오마하의 현인(賢人)'이라 불리는 워렌 버핏은 주식투자만으로 평범한 사람에서 세계적인 부자가 된 사람이다. 역사상 부자에게 현인이라는 칭호를 붙인 것은 처음이 아닐까? 그는 자신의 성공을 시장자본주의 때문이라고 고백했다. 구글의 창업자들 또한 시장자본주의가 없었다면 결코 큰 부자가 되지는 못했을 것이다. 마크 저커버그 또한, 미국의 시장자본주의 법체계가 그의 아이디어에 법적 권한을 부여하지 않았다면 페이스북을 창업하지 못했을 것이다.

세계적으로 빈부격차가 심화되었다는 통계수치가 속속 나오고 있다. 어느 정도의 빈부격차는 사회가 용인해야 하지만, 지나친 빈부격차는 그 자체가 공정하지 못한 시장의 증거다. 한국의 빈부격차는 미국보다는 약하지만 유럽과 일본보다 더 심각하다. 시장자본주의는 소수의 강자에게 과도하게 부를 몰아주는 제도다. 소수의 강자는 능력과 노력 이상을 얻는다.

돈뿐 아니라 권력, 명예까지 모두 소유한 재벌이 막강한 힘을 바탕으로 '누구든지 덤벼봐'라는 식의 경쟁을 벌인다면, 그건 경쟁이 아닌 승자독식이고 약육강식이다. 무한경쟁과 승자독식의 시장자본주의는 시장의 강자에게만 유리하고 대부분의 사람들에겐 불리한 제도다. 얼핏 보면 공정한 경쟁처럼 보이지만 시장자본주의 체제에서는 불공정 게임이 보편적이다. 자본이 일정 수준을 넘어서면 훨씬 유리한 입장에서 돈을 벌 수 있다.

경제학의 아버지라 불리는 애덤 스미스(Adam Smith)는 18세기 당시 영국의 정경 유착을 강도 높게 비판했다. 당시 대상공인(지금의 재벌)에게만 특혜를 줬던 영국의 중상주의(重商主義) 경제

정책으로는 소수의 부자와 권력자만 혜택을 볼 뿐이었다. 그는 대상공인의 특권을 철폐하고 새로운 중소상공인들에게 공정한 경쟁 환경을 제공해야 한다고 '시장의 힘'을 역설했다. 『국부론』에 쓰여진 애덤 스미스의 혜안은 영국이 대영제국으로 발돋움하는 데 큰 역할을 했다.

그렇다면 21세기 현재의 한국 경제는 어떠한가? 이익이 늘어날수록 세율이 높아지는 누진세율을 적용하기는커녕, 온갖 공제제도로 인해 오히려 세율이 낮아지는 역진적 법인세 구조 덕분에 재벌들이 큰 특혜를 누리고 있다. 천문학적인 이익을 보는 삼성전자의 법인세 실효세율은 웬만한 중소기업의 법인세율보다도 낮다. 기업하기 좋은 나라를 만들면, 재벌은 세계시장에서 승부하려고 하는 것이 아니라 소상공인과 자영업자들의 무대인 뒷골목이나 금융업에 기웃거리는 것이 현실이다.

국세청에서 5년간 법무과장을 했으며 수천 건의 세금 소송을 담당했던 대한민국 최고의 조세전문 변호사는 한국의 세금제도에 대해, "부자와 기업은 합법적으로 세금을 피할 길이 널려 있고 중산층은 꼼짝 못하게 되어 있다."며 한탄했다. 부자와 대기업은 엄청난 재산을 합법적으로 자식에게 물려주는데, 중산층은 집 한 채만 상속하려고 해도 꼼짝없이 상속세를 내야 한다. 우리나라는 부자에게 유리한 간접세의 비중이 매우 높다. 어느 기업인은 "한국에서 사업을 한다는 것은 특권층이라는 의미"라고 말했다. 사업을 하는 사람은 평범한 국민에 비해 세금 이외에

우리는 천민자본주의가
되어버린 대한민국의
시장자본주의를 개혁해야
한다. 개혁을 위해 가장
필요한 것은 우리의 자각이다.
시장자본주의가 소수의
강자에게 부를 몰아주고 있는
매우 불공평한 제도라는 점을
깨달아야 한다.

도 각종 혜택을 받는다.

우리는 천민자본주의가 되어버린 대한민국의 시장자본주의를 개혁해야 한다. 개혁을 위해 가장 필요한 것은 우리의 자각이다. 시장자본주의가 소수의 강자에게 부를 몰아주고 있는 매우 불공평한 제도라는 점을 깨달아야 한다. 우리는 흔히 정부가 '경제 살리기'라는 명분을 내세우면, 기업의 불법행위 정도는 눈감아줘야 한다고 착각한다. 재벌의 낡은 경영방식과 불공정한 천민자본주의는 더 이상 계속 지속될 수 없다. 언젠가는 바뀌어야 하지만 정권마다 단기적 관점에서 경제를 운용하다보니, 장기적 안목이 필요한 개혁은 외면하고 그저 부동산 경기나 부양하며 끝난다.

우리는 재벌과 재벌계열사, 기업과 기업인, 기업과 부자를 동일하게 보는 고정관념에 빠져 있다. 재벌과 재벌을 옹호하는 사람들은 국민의 고정관념을 이용하여 재벌체제를 개혁하면 큰일이 날 것처럼 착각하게 만든다. 어떤 사람이 "부자에게 세금을 더 많이 물리면 기업이 다 죽는다."고 하길래, 대화를 해보니 그는 기업과 기업인을 구별하지 못하고 있었다. 예를 들어 삼성전자에 세금 한 푼 인상하지 않고, 이건희 회장에게 세금을 더 부과할 수 있다. 삼성전자가 내는 세금 액수에 변화가 없는데, 삼성전자가 생산하는 휴대폰이 비싸지거나 안 팔릴 이유가 없다. 기업과 소유주의 재산이 별개라는 것을 모르기 때문에, 부자나 기업인에게 세금을 부과하면 기업의 세 부담이 늘어난다고 착각하는 것이다.

　　아직도 많은 사람들이 재벌과 재벌계열사도 구별 못한다. 대우그룹이라는 재벌은 소멸되었지만 대우그룹 계열사는 다른 기업에 인수되어 지금도 그대로 존속하고 있다. 우리가 구태여 대우 재벌가문을 유지해줄 필요가 없듯이, 다른 재벌가문을 유지해야 할 특별한 이유는 없다. 중요한 것은 재벌에 소속되어 있는 계열사들이 잘 활동할 수 있는 여건을 조성하는 것이다. 지금처럼 상호출자라는 사실상 불법에 가까운 문어발로 계열사를 묶는 것보다, 선진국처럼 지주회사제도를 통해서 원하는 계열사를 묶는 것이 더 좋은 대안이다. 미국식 지주회사로 가더라도, 주주의 단기이익에만 혈안이 되는 주주자본주의는 우리에게 적절하지 않다. 따라서 독일식 자본주의를 눈여겨볼 필요가 있다. 미국식과 독일식의 장점을 모으고, 또 다른 나라의 사례도 참고하여 한국적 하이브리드 시장경제를 만들어야 한다.

　　오늘날 시장자본주의가 과거의 시장자본주의와 다른 특성 중 하나는 승자독식이다. 『승자독식사회(The Winner-Takes-All Society)』라는 저서로 유명한 로버트 프랭크 교수는 "승자독식의 경제에서는 행운이 아주 중요한 역할을 한다."고 밝혔다. 부처님조차 "행운이 없으면 재물을 얻지 못한다."고 말씀했다. 행운이 중요한 요소가 되어 부자가 된다면, 그들의 능력과 노력 이외의 요소가 더 많이 작용한다는 의미다. 그러므로 세금이나 자발적 기부를 통해 국민에게 환원하는 것이 바람직하다는 주장도 설득력이 있다.

　　『장아함경』에는 "깨끗한 재물을 얻으면 여럿이 함께 나누어 평등하고 차별이 없게 하라."고 설했으며, 『잡아함경』은 "출신과 계급을 무시하고 오직 능력과 성과에만 기초하여 보상하라."고 설한다. 불교는 모두가 획일적인 지분을 갖는 무차별적 평등이 아니다. 능력과 성과에 기초하되, 그 이상을 갖는 불평등을 시정하고 공정하게 나누는 분배를 지향한다. 이처럼 각종 특권, 혜택, 제도에 의해 능력과 노력 이상으로 소수의 강자에게 부를 몰아주는 천민자본주의를 공정한 시장경제로 전환해야 한다.

낙수효과는 부자들이
만들어낸 거짓말이다

20세기에 만들어진 가장 질 나쁜 거짓말 중 하나가 바로 낙수효과다. 부자 덕분에 중산층과 서민이 잘 사는 게 아니라 중산층과 서민 덕분에 부자가 돈을 버는 것이다.

여론 조사에 의하면 세상이 뒤집어졌으면 좋겠다는 젊은이들이 과반수다. 그들은 살기 힘든 대한민국을 '헬조선'이라고 부른다. 기업은 뽑고 싶은 인재가 없다고 구인난을 이야기하고, 젊은이들은 취업난을 토로한다. 그러나 내가 보기엔 정말 괜찮은 젊은이들이 몇 년째 취업을 못하고 있는 현실을 보면, 무언가 이 세상이 정상이 아니라는 생각이 든다.

세상의 불공정과 불공평이 도를 넘고 있으며 빈부격차는 지구 곳곳에서 더욱 더 벌어진다. 사람들의 분노와 좌절은 깊어만 간다. 세상을 뒤집을 정도의 변화가 있어야, 이러한 불공정과 불공평을 시정할 수 있다. 부자가 자신의 능력과 노력 이상의 부를 축적할 수 있게 해주는 제도가 시장자본주의다. 공정하고 정의로운 시장자본주의를 만들지 못하면 99%가 노예가 된다. 여기서 끝나는 것이 아니다. 미국 백악관이 발표한 인공지능에 관한 보고서를 보면, 우리는 상위 1% 대 하위 99%의 세상에서 상위 0.01% 대 나머지 99.99%의 시대로 달려가고 있다.

부자가 돈을 벌면 중산층과 빈곤층이 그 덕을 볼 수 있다는 이론을 '낙수효과(落水效果, trickle down effect)'라고 한다. 이 경제 이론은 신자유주의적 사고로서 한 시대를 휩쓸었고, 지금도 대한민국의 많은 사람들이 그렇게 믿고 있다. 특히 놀라운 것은 가난한 사람들의 상당수도 낙수효과를 맹신한다는 사실이다. IMF(국제통화기금)와 OECD에서는 이미 이러한 주장이 잘못되었다고 밝혔고, 오늘날 인류가 직면한 가장 큰 경제문제는 빈부격차라고 지적하고 있다. IMF에 의하면 상층부의 소득이 증가할수록 경제 성장은 마이너스가 되고, 하층부의 소득이 증가할수록 경제 성장은 플러스가 된다. 이렇듯 '부자 덕에 중산층과 빈곤층이 잘 살 수 있다'는 낙수효과 이론은 잘못된 이론으로 판명되었다. 그러나 우리 국민 대부분은 아직도 이 낙수효과에 갇혀 벗어나지 못하고 있다.

불교경전은 세금 착취가 국민을 얼마나 괴롭히는가를 지적하고 있다. 『증일아함경』은 "가혹한 부역과 조세가 끊임없고, 말단 관리가 간사를 부려 백성들이 그 고장에서 편히 살 수 없다는 것이니…"라며, 국민을 가장 괴롭히는 것은 잘못된 조세제도라고 지적한다. 부처님 당시에 '브라만'에게는 면세의 특혜가 있었고 '크샤트리아'는 정치 계급이었기에, 세금은 결국 평범한 국민

IMF에 의하면 상층부의 소득이
증가할수록 경제 성장은
마이너스가 되고, 하층부의
소득이 증가할수록 경제 성장은
플러스가 된다. 이렇듯 '부자
덕에 중산층과 빈곤층이 잘 살
수 있다'라는 낙수효과 이론은
잘못된 이론으로 판명되었다.
그러나 우리 국민 대부분은
아직도 이 낙수효과에 갇혀
벗어나지 못하고 있다.

인 '바이샤'와 '수드라'가 부담했다. 돈을 빌릴 때 계급과 신분에 따라 이자율마저 달랐기 때문에, 하층계급은 더욱 가난해졌다. 부자의 세금 부담을 늘리고 그에 상응하는 정부예산을 매칭펀드(Matching Fund)로 확보하면, 생존기본권 보장을 시작하기에 충분한 재원을 확보할 수 있다. 중산층과 서민의 세금 부담을 줄이거나 최소한 동결하면 소비가 늘어난다. 그러면 기업의 이익이 증가하고 부자들이 더 잘 살게 되어, 늘어난 세금 부담을 상쇄할 수 있다.

시장자본주의의 역사를 보면 항상 사고는 기업이 치고 해결은 국민의 세금으로 한다. 이익이 발생할 때는 국민에게 나눠주지 않고 독점하면서, 사고가 나면 국민의 세금으로 함께 하자고 한다. 망해가는 회사를 구조조정하려고 보면 이미 돈은 다 빼돌리고 껍데기만 남아 있는 경우가 많다. 구조조정할 때 기업주의 개인재산으로 하는 경우는 없고 항상 국민의 세금으로 한다. 금융기관이 엉터리 기업에 돈을 빌려주고 부실화되면 금융기관을 살리기 위해 국민의 세금이 퍼부어진다.

우리나라가 유독 선진국에 비해서 경제 관련 예산이 많다는 것은 어쩌면 정경유착이 그만큼 클 수 있다는 증거이기도 하다. 매년 GDP(국내총생산)는 증가해도 기업의 소득만 증가할 뿐 중산층과 서민의 소득은 거의 제자리걸음이다. 대한민국 정부예산 중에서 낭비되는 30% 정도는 다 어디로 갈까? 상당수는 경제를 살린다는 목적으로 기업에 직접 제공되므로, 로비를 가장 잘하는 기업에게 돌아간다. 『보행왕정론』에서 "대왕이여, 세간은 서로 많이 차지하여 얻고자 합니다. 법왕의 권위에 맞는 정의를 세우고…"라고 했듯이, 정부예산을 서로 차지하기 위해 수많은 사람이 덤벼든다. 시장자본주의란 기업이 시장에서 돈을 버는 제도인데 기업이 공공부문에서 돈을 벌고 있으니, 대한민국은 시장자본주의를 하는 나라가 아니다. 정부가 예산을 기업이 아닌 국민을 위해 사용하면, 국민은 그 돈을 우수기업을 선택해 사용하게 된다.

부자는 이미 모든 것을 소유하고 있기 때문에, 돈을 더 벌어도 쌓아두기만 할 뿐 소비를 늘리지 않는다. 서민은 가난하기 때문에, 돈을 추가로 벌더라도 저축할 엄두를 내지 못하고 100% 소비할 수밖에 없다. 중산층과 서민의 소득이 증가하면 내수가 살아나고 기업이 돈을 벌기 때문에, 부자가 더욱 잘 살게 된다. 우리는 거꾸로 알고 있었던 것이다.

20세기에 만들어진 가장 질 나쁜 거짓말 중 하나가 바로 낙수효과다. 부자 덕분에 중산층과 서민이 잘 사는 게 아니라 중산층과 서민 덕분에 부자가 돈을 버는 것이다. 아무리 낙수효과가 거짓말로 판명되었다고 해도 '부자 덕분에 잘 살게 된다'는 말이 너무나 그럴듯하게 포장되어 있기 때문에 사람들은 반신반의한다. IMF와 OECD는 물론이고 세계은행(World Bank)까지 낙수효과가 잘못되었다고 주장하고 있지만, 우리 국민의 상당수는 믿지 않는다. 행복해지려면 행복에 관한 거짓말에 속지 않아야 하

듯이, 먹고 살려면 돈에 관한 거짓말인 낙수효과에도 속지 않아
야 한다.

　『증일아함경』에는 "자기 소유에서 남는 것이 있으면 남에게
나누어준다."라고 설해져 있다. 쌓아두고 사용하지 못하는 부자
의 재산 중 일부를 제외하면 나머지는 평등하게 분배해야 할 재
산이다.

　불교는 양극단을 떠나 중도를 추구한다. 중도의 개념은 '팽
팽하지도 느슨하지 않은' 거문고의 현처럼, '양극단을 치우치지
않고 적절하다'는 의미를 내포한다. 그 적절함은 1부터 10 사이
의 중간 수치가 중도일 수 있지만, 항상 1이고 항상 10이라는
극단을 피해서 어떨 때는 1이고 어떨 때는 10인 조합이 중도일
수도 있다. 그동안 낙수효과 정책이라는 극단에 치우쳤다면,
이제는 반대되는 정책을 시행함으로써 중도를 실현해 볼 수도
있다.

대한민국의 혁신은
재벌개혁으로부터
시작된다

공정한 시장경제는 개혁과 법치에 의해서만 이뤄지는 것이 아니라 윤리도 바로 서야 한다. 윤리가 제 기능을 하는 법치국가만이 재벌공화국을 무너뜨리고 정법국가를 실현할 수 있다.

세계 500대 부자에 오른 한국 부자 중 창업자는 없고 모두 부모로부터 물려받은 상속자다. 우리보다 훨씬 먼저 경제가 발전하고 재벌이 있었던 일본의 경우, 세계 500대 부자에 오른 5명 모두 창업자였다. 피터슨 경제연구소의 조사에 의하면 2014년 한국 억만장자 중 상속 부자비율은 74.1%로 세계 최고 수준이다. 일본 19%, 미국 29%, 67개국 평균이 30%인 것에 비하면, 그 수치가 엄청나게 높다는 것을 알 수 있다. 우리나라의 상속세가 결코 낮은 수준이 아닌데도 이렇다면, 정의·경쟁·혁신이 실종된 천민자본주의의 증거라고 볼 수 있다.

수십 년 동안 견고하게 구축된 대한민국의 먹이사슬은 정치인, 공무원, 법조인, 언론인, 학자 등이 가세하여 정권도 건드리지 못하는 치외법권의 성역을 구축했다. 재벌의 문어발 구조는 대한민국의 신귀족사회을 구축했고, 경제가 아무리 힘들어도 영향을 받지 않는 별세계다. 재벌의 사돈의 팔촌만 되도 작은 기업 하나 꾸려 재벌에 공급해 돈 버는 것은 일도 아니다.

경제가 역동적이려면 기존의 기업을 제치고 떠오르는 혜성 같은 기업이나 기업군이 있어야 한다. 한국이 IMF 외환위기를 겪을 때 많은 기업의 주인이 바뀌었지만, 기존 구조 속에서의 손 바뀜에 불과했지 역동적인 경제구조 개편은 아니었다. 시장자본주의의 순기능은 비효율적인 기업은 도산하고 효율적인 기업이 융성하는 작동원리다. 그러나 우리나라는 경쟁과 혁신이 작동하지 않는 시장자본주의기 때문에, 막스 베버가 그토록 경계했던 천민자본주의에 불과하다. 깊은 산속에서 길을 잃고 헤매다가 목이 마를 때 흐르는 물을 마셔야지, 고인 물을 마시면 반드시 탈이 난다. 온갖 바이러스와 기생충이 득실거리는 썩은 물에서 살아남기 위해 중산층과 서민은 오늘도 전쟁을 치러야 한다.

문어발 경제공룡은 정치와 결탁하여 온갖 특혜와 반칙을 만들어 놓고 교묘하게 국민을 속이면서 시장자본주의를 하는 척한다. 그들이 지금처럼 대한민국을 지배하는 한 대한민국은 서서히 죽어갈 것이다. 재벌의 상속자들은 편안한 길만 가기 위해, 지금도 뒷골목에서 호시탐탐 소상공인과 자영업자들을 노리고 있다. 세계적인 기업과 경쟁하려는 모험 정신은 거의 없고 기존

재벌은 돈, 권력, 그리고
가문이라는 명예까지 갖는다.
재벌개혁은 재벌계열사에 대한
개혁이 아니라 재벌가문에 대한
개혁이다. 재벌가문은 그대로
둔 채 재벌계열사를 개혁한답시고
야단법석을 떨면 본말이 전도될
수 있다. 재벌가문에 대한 개혁은
재벌이 가진 지분만큼의 권한만
승인하는 것이다. 그 이상의
특권은 부여하지 않는 지극히
합법적이고 합리적이며 상식에
어긋나지 않는 개혁이면 된다.

의 재산을 편안하게 지키는 방법에만 골몰한다. 이들은 새로운 기업의 진입을 막는 것은 물론이고 신성장기업과 벤처기업이 활동할 수 있는 생태계를 붕괴시키고 있다.

영국의 〈파이낸셜 타임스〉는 "재벌은 소상공인과 자영업자들이 견실한 중견기업으로 성장하는 길을 가로막고 있으며 정치권은 이를 시정할 생각이 전혀 없다."고 보도했다. 만약 정치권이 재벌체제를 개혁할 생각이 없다면, 국민의 단합된 힘을 보여주어야 한다. 선거에 목을 매는 정치인은 국민의 단합에 긴장할 수밖에 없다.

과거에는 가문이라는 단어를 양반에게만 사용했지만 오늘날은 '삼성가', '현대가'라는 표현을 쓰며 오직 재벌가에만 사용한다. 재벌은 돈, 권력, 그리고 가문이라는 명예까지 갖는다. 재벌개혁은 재벌계열사에 대한 개혁이 아니라 재벌가문에 대한 개혁이다. 재벌가문은 그대로 둔 채 재벌계열사를 개혁한답시고 야단법석을 떨면 본말이 전도될 수 있다. 재벌가문에 대한 개혁은 재벌이 가진 지분만큼의 권한만 승인하는 것이다. 그 이상의 특권은 부여하지 않는 지극히 합법적이고 합리적이며 상식에 어긋나지 않는 개혁이면 된다.

애플, 마이크로소프트, 구글 등 세계적인 기업들은 창업자의 자식들에게 경영을 맡기지 않고 가장 뛰어난 경영인에게 맡긴다. 창업자의 2세와 3세는 경영에 참여하지 않고 자신이 소유한 주식만큼의 권리 행사만 하는 데 반해, 한국은 온갖 수단을 동원해서 경영에 기어이 참여하려고 한다. 재벌개혁이란 재벌과 부자에게 무조건 희생하라고 요구하는 것이 아니라, 자신과 타인의 이익을 모두 생각하는 자리이타의 마음을 갖자는 것이다.

부처님과 애덤 스미스는 모두 공정한 경제 체제를 위해서는 법과 윤리가 제 역할을 해야 한다고 강조했다. 사회와 조직의 부패에 가장 효과적인 방안은 윤리적인 사회 분위기 조성과 조직 최고책임자의 솔선수범이다. 우리 사회에 가장 부족한 인재는 머리가 뛰어난 천재가 아니라, 신뢰할 수 있는 윤리적 리더다. 사회적 분위기는 법에 의해서만 유지되는 것이 아니라 윤리, 규범, 관행도 중요한 역할을 한다. 지하철에서 외국인이 유창한 한국어로 임산부에게 자리를 양보하는 것을 봤다. 그는 한국의 규범에 이미 익숙해진 것이다. 지하철에서 노약자에게 자리를 양보하는 것은 법으로 규제하지 않았지만, 한국사회의 윤리적 기준으로 볼 때 젊은 청년이 임산부에게 자리를 양보하지 않고 버티기는 매우 어렵다. 윤리, 규범, 관행은 때로는 법보다 강한 위력을 보인다.

부처님은 『장아함경』에서 "바른 법〔正法〕으로 나라를 다스려라. 부디 치우치거나 억울하게 하지 말라. 온 나라 안에 법 아닌 것이 실행되지 않게 하라."며 정법국가를 설했다. 재벌과 대기업에 치우치면, 나머지 구성원을 억울하게 만드는 것은 물론이고 경제의 효율성도 저해한다. 대한민국의 모든 구성원이 각자 서로 견제하고 균형을 이루면서 마음껏 능력을 발휘해야 경제성장이 극대화된다. 공정한 시장경제는 개혁과 법치에 의해서만 이뤄지는 것이 아니라 윤리도 바로 서야 한다. 윤리가 제 기능을 하는 법치국가만이 재벌공화국을 무너뜨리고 정법국가를 실현할 수 있다.

부자의 소득과 재산이 일정 수준을 넘어설 때 세금이나 자발적 기부를 통해 증가를 억제하면, 수단방법을 가리지 않고 돈을 벌려는 동기가 어느 정도 줄어든다. 미국은 경제대공황 이후 루스벨트 대통령이 집권했을 때 소득세는 누진세였는데, 최고 세율이 90%가 넘었다. 우리나라도 한때 박정희 대통령 시절 소득세 최고 세율이 70%였지만, 지금은 최고 세율이 40%다. 부처님은 재물로 인한 출가자의 이기심과 탐욕을 억제하기 위해 출가자의 경제행위에 많은 규제를 부과했다. 자리이타와 중생구제를 위해 부자는 '노블레스 오블리주(Noblesse Oblige, 높은 사회적 신분에 상응하는 도덕적 의무)'를 실천하고 정부는 공정한 세금을 통해 정법국가를 지향할 때, 시장경제가 효율적이고 공정한 자원배분을 실현할 수 있다.

경영권 세습에 집착하는
한국의 재벌들

한국의 재벌들은 수단과 방법을 가리지 않고 후손들에게 경영권을 승계하려고 한다. 그들이 경영권에 집착하는 근본적인 이유를 알아야 대한민국 경제를 재창조할 수 있다.

세계에서 가장 돈을 많이 번 부자로 온라인 전자상거래업체 아마존을 창업한 제프 베조스가 꼽히기도 했다. 그는 블루오리진이라는 회사를 설립한 뒤, 우주로 쌓아올린 우주선을 발사대 근처로 되돌아오게 해 우주선 재활용에 성공했다. 그는 "내 목표가 돈을 버는 것이었다면, 새로운 스낵을 만드는 과자회사나 세웠을 것"이라고 했다. 소상공인과 자영업자들의 영역에 끊임없이 기웃거리는 한국의 대기업과 얼마나 비교가 되는가?

미국에서도 대기업이 법적으로 과자회사를 충분히 설립할 수 있지만, 대기업이 그런 일을 할 수 없게 만드는 윤리, 규범, 관행이 정착되어 있기 때문에 그런 파렴치한 짓은 하지 않는다. 만약 그런 일을 하면 주주부터가 가만 있지 않고 투자자들도 등을 돌릴 것이다. 우리나라 재벌은 세계시장을 피해서 뒷골목이나 금융산업에 기웃거리고, 정부는 도심면세점 같은 사업에 재벌이 뛰어들게 놔두고 있다. 우리 국민은 착한 게 아니라, 돈을 앞세운 권력 앞에 바보가 된 것이다.

2016년 중소기업단체협의회는 중소기업주간을 맞이하여, 행사 주제를 '바른 시장경제'로 정하고 대기업과 공정하고 자유로운 경쟁을 할 수 있는 토대 마련을 염원했다. 대기업과 중소기업의 관계를 보면, 대한민국은 결코 시장경제를 하는 나라가 아니다. 재벌의 사돈의 팔촌만 되도, 창업하면 재벌계열사가 밀어준다. '땅 짚고 헤엄치기'로 사업을 성공시킨 뒤에 힘겹게 경쟁하는 중소기업을 간단히 따돌리니, 상속자가 아니면 성공하기 힘들 수밖에 없다. 제조업 분야의 중소기업은 2/3가 다양한 형태의 대기업 하도급 업체에 불과하다. 대기업과 중소기업의 수직 관계가 대한민국 경제의 가장 큰 문제다.

한국의 수출은 삼성과 현대가 30%를 차지하기 때문에, 재벌은 바로 한국경제다. 그런데 우리 경제를 과연 재벌 3세에게 맡길 수 있을까? 빌 게이츠도 스티브 잡스도 자식에게 기업을 물려줄 생각은 꿈도 꾸지 않는다. 미국의 세계적인 기업들은 자기 자식 중에서 후계자를 물색하지 않고 전 세계를 대상으로 후계자를 물색한다. 마이크로소프트와 구글의 CEO는 인도인이다. 이제 대한민국 재벌도 세습을 중단하고, 가문에서 가장 뛰어난 사람이 아닌 세계에서 가장 뛰어난 사람에게 경영을 맡겨야 한다. 재벌 3세는 이사회에서 자신이 소유한 지분만큼만 주주의 역할을 하면 되고, 지분이 충분하다면 이사회의 의장으로서 기업을 통제하면 된다.

재벌의 후손들은 소유한 주식 지분만 가지고도 이사회에서 활동하며 대접받고 편안하게 인생을 즐기면서 살 수 있다. 그런데도 기를 쓰고 경영권을 장악해서 CEO의 역할을 하려고 한다. 그들이 경영권에 집착하는 근본적인 이유를 알아야 대한민국 경제를 재창조할 수 있다. 재벌이 경영권을 세습하는 데는 아주 특수한 한국적 상황에서 비롯된 세 가지 이유가 있다.

첫째, 우리나라는 분식회계와 지하경제로 인하여 경영에 직접 참여해서 얻을 수 있는 이득이 크다. 예를 들어 어떤 사람이 회사의 주식을 20% 소유하고 있다고 하자. 만약 그가 개인적으로 10억 원을 쓰고 싶을 때, 경영권이 있으면 10억 원을 회사 비용으로 처리하면 된다. 경영권이 없으면 자기 개인 돈에서 10억 원을 사용해야 한다. 개인 돈이었으면 엄두도 못 내겠지만, 회사 돈이라면 펑펑 쓴다. 어느 기업인은 해외에 나갈 때 회사 돈으로 어마어마한 소비를 한다.

둘째, 사람은 돈만으로는 만족하지 않기 때문이다. 돈이 많다고 항상 골프치고 여행다니고 쇼핑하면서 살 수는 없다. 일이 있어야 한다. 회사를 직접 경영하면 수많은 직원을 진두지휘하며 권력의 달콤함을 즐긴다. 어떤 기업인은 "회사를 경영하면 군대의 사단장 같은 느낌이 든다."며, 수많은 사람들이 자신의 한마디에 쩔쩔매며 떠받들어주는 즐거움만큼 큰 즐거움은 없다고

이제 대한민국 재벌도 세습을
중단하고, 가문에서 가장 뛰어난
사람이 아닌 세계에서 가장
뛰어난 사람에게 경영을 맡겨야
한다. 재벌 3세는 이사회에서
자신이 소유한 지분만큼만
주주의 역할을 하면 되고, 지분이
충분하다면 이사회의 의장으로서
기업을 통제하면 된다.

한다.

셋째, 한국은 상속세가 상당히 높은 편이기 때문에, 재벌이 합법적인 방법으로 후손에게 주식을 물려주려면 엄청난 세금을 납부해야 한다. 경영권을 장악하고 있으면 경영권의 승계를 위한 여러 가지 방법을 상대적으로 쉽게 동원할 수 있다. 경영권의 승계는 상속과 동의어다. 경영권을 가지고 있으면 기업에 축적되어 있는 이익금을 사용하는 등 다양한 방법으로 경영권의 승계 즉 상속에 대처할 수 있다. 수십 개의 계열사에 포진해 있는 변호사와 회계사, 그리고 정부와 사회에 포진해 있는 우호적 네트워크를 활용할 수 있다는 것도 엄청난 이점이다.

업(業) 사상의 핵심 내용은 인간의 생각과 행동이 반드시 결과를 낳는다는 것이다. 최근 연구에 의하면, 자신의 트라우마가 유전적 과정을 거쳐 후세에 영향을 미친다고 한다. 못된 인간의 나쁜 행위도 유전적 과정을 거쳐 후손에게 나쁜 영향을 미칠 것이다. 그렇지만 자신의 나쁜 행위가 나쁜 영향을 미친다는 것을 알아도, 세상이 엉망이면 나쁜 행위로 이익을 얻을 수도 있다. 그러므로 나쁜 행위를 억제할 동기가 크지 않다. 불교의 인연법(因緣法)에 의하면 나쁜 행위가 세상이라는 조건과 결합하여 결과를 낳는다. 따라서 세상을 바꾸어야 나쁜 행위로 이익을 취할 가능성도 낮아져, 나쁜 행위를 자제하게 된다. 재벌체제 대신 지주회사체제 같은 공정한 시장경제로 정법국가를 실현하면, 재벌 가문의 경영권에 대한 집착도 줄어들 것이다.

　『장아함경』에서는 "왕이여, 지금 국내에는 총명함과 지혜로움을 두루 통달해, 예와 이재를 환히 알고 선왕들의 정치의 법을 갖추어 아는 학자가 많이 있습니다. 그런데 왜 그들을 불러 그 아는 것을 물어보지 않으십니까?"라고 했다. 통치의 성공은 잘 위임하고 잘 관리하는 데 있으며, 군주의 능력 부족을 보완하려면 널리 인재를 구해서 좋은 조언을 들어야 한다는 의미다. 나는 재벌에게 묻고 싶다. "재벌이여, 곳곳에 인재가 많은데 왜 그들을 채용하지 않고 자녀를 세우는가?"

뉴 노멀 시대의 주역은
신성장산업과 벤처산업이다

비정상이 정상으로 간주되는 뉴 노멀의 시대에는 새로운 경제정책을 추구해야 한다. 재벌체제를 개혁해 신성장산업과 벤처산업을 육성해야 새로운 시장과 일자리가 창출된다.

팹랩(FAB LAB, Fabrication Laboratory)은 MIT에서 처음 시작하여 전 세계에 확대되어 운영되고 있는 창작제조공간이다. 각종 시제품 등을 염가에 제작할 수 있는 곳이라, 창의적 아이디어와 혁신의 상징인 곳이다. 팹랩을 통해서 누구나 자신의 아이디어를 즉시 시제품으로 만들어 소비자에게 제시할 수 있다. 이후 소비자가 주문하면 제조가 시작되어 1인 기업이 탄생되는 것이다. 디지털 경제와 뉴 노멀의 시대에는 대기업과 재벌은 팹랩 같은 창의적 공간을 생각해내지 못한다. 그러므로 신성장산업과 벤처산업이 마음껏 날개를 달고 활약할 수 있는 여건을 조성해야 한다.

과거에는 불경기와 호경기가 주기적으로 파동을 그으며 물결처럼 반복됐다. 지금은 불황 이후에, 호황이 아닌 더 큰 불황이 오는 시기다. 과거에는 이자율을 낮추면 저축이 줄어들었는데, 이제는 오히려 늘어난다. 정부가 돈을 찍어 시장에 풀면 인플레가 발생했는데, 이제는 디플레가 온다. 이러한 과거의 상식이 뒤집혀 비정상이 정상으로 간주되는 세계 경제상황을 '뉴 노멀(New Normal)'이라고 부른다. 뉴 노멀의 시대에는 새로운 경제정책을 추구해야 한다. 무엇보다도 부자와 대기업이 돈을 벌어야 중산층과 서민이 잘 산다는 낙수효과에 현혹되지 말아야 한다.

삼성이 하면 어떤 분야든 일류인데, 문화산업과 IT 정보통신기술 사업에 뛰어들었다가 실패했다. 삼성을 비판하자는 게 아니다. 미국과 유럽의 경우를 봐도 신성장산업과 벤처산업은 중소기업이 유리하다. 대한민국 경제가 도약하고 선진국에 진입하려면 국민의 의식, 법, 규범, 관행, 문화, 윤리 등도 선진화되어야 하지만, 결국 신성장산업과 벤처산업이 새로운 시장과 일자리를 창출해야 한다.

신성장기업과 벤처기업에 관련된 투자자와 공무원이 국가의 이익에는 관심 없고, 오직 자신들의 이익 챙기기에만 혈안이 된 사람이라는 최악의 가정을 해보자. 투자자는 신성장기업과 벤처기업이 잘 되어야 이익을 얻지만, 공무원은 자기에게 뒷돈을 주거나 퇴임 후에 한 자리 마련해주는 기업이 더 소중하다. 물론 이런 최악의 공무원이 담당자가 된다고 볼 수는 없지만, 시스템의 설계에는 항상 최악의 상황을 가정해야 한다.

투자자는 미래가치가 있는 기업을 잘 선별할 수 있지만 공무원은 그런 일에는 익숙하지 않다. 정부가 소수의 기업을 선택하여 지원하는 사업은 로비, 부패, 낭비의 가능성이 높기 때문에 바람직하지 않다. 정부는 인프라와 생태계를 구축하고 방향을 정립하는 일 이외에는 기업을 선택해서 지원하는 일은 가능하면 삼가야 한다.

정부가 나서야 할 때는 민간부문이 역할을 제대로 하지 못할 때다. 가령 새로운 시장을 창조하기 위해서는 민간의 과감하고 위험한 투자가 이루어져야 하고, 민간에서 장기적 안목으로 기술이 개발되어야 한다. 민간이 그 역할을 하지 못할 때, 비로소 정부가 나서 투자와 기술 개발을 지원해주는 것이 순서다. 신성장기업인과 벤처기업인을 투자자와 연결시켜주는 온라인 플랫폼이나 투자자가 투자할 인센티브를 제공하는 것도 투자 생태계를 조성하는 일이다. 규제 완화도 모든 신성장기업과 벤처기업에게 혜택이 주어지는 정책이다.

재벌체제를 개혁하려는 이유는 신성장산업과 첨단산업이 시장과 일자리를 창출하기 때문이다. 재벌과 대기업이 신성장기업과 벤처기업의 혁신과 모험을 가로막지 않아야, 그들이 할 수 없는 새로운 시장과 일자리 창출이 가능하다. 대한민국은 인재 중심국가로 갈 수밖에 없다. 그러므로 신성장기업과 벤처기업이 필요로 하는 인재를 사회가 배출할 수 있도록, 대학 입학 시기를 제도적으로 앞당기는 등 혁명적으로 교육을 혁신해야 한다. 인

대한민국은 인재중심국가로
갈 수밖에 없다. 그러므로
신성장기업과 벤처기업이
필요로 하는 인재를 사회가
배출할 수 있도록, 대학 입학
시기를 제도적으로 앞당기는 등
혁명적으로 교육을 혁신해야 한다.
인프라와 생태계의 구축, 규제완화,
인재육성, 기타 기업하기 좋은
환경을 마련해주면 신성장산업과
벤처산업이 육성되어 대한민국
경제를 도약시킬 것이다.

프라와 생태계의 구축, 규제완화, 인재육성, 기타 기업하기 좋은 환경을 마련해주면 신성장산업과 벤처산업이 육성되어 대한민국 경제를 도약시킬 것이다.

대한민국 가치사슬에서 청년 일자리 창출은 두 부문에서 이루어진다. 첫째, 민간부문에서 신성장산업과 벤처산업을 통한 일자리 창출이다. 둘째, 공공부문에서 보육, 간병, 교육, 의료, 보건, 식품, 경찰, 소방, 사회복지, 철도노동자, 방역, 과학수사, 노동, 검역, 국방, 재외공관업무 등을 담당하는 공무원의 숫자를 선진국 수준으로 강화하여 양질의 일자리를 창출하는 것이다.

자리이타 사상은 중생을 구제하는 것을 목표로 하는 대승불교의 핵심교리로서, 나와 타인의 이익을 동시에 추구한다. 연기법에 의하면 나의 이익은 타인의 이익에 의존하고 타인의 이익도 나의 이익에 의존하기 때문에, 모두의 이익을 염두에 두고 나의 이익을 추구해야 한다. 무조건적인 자기희생이 아닌 나와 타인의 이익이 서로 공존하는 자리이타야말로, 오늘날 시장경제에서 가장 필요한 윤리 기준이다.

그러나 현실적으로 눈앞의 이익에만 급급하다보면, 타인에게도 손해를 끼치고 결국 나의 손실로 돌아오게 된다. '대한민국 가치사슬'은 재벌과 대기업이 자리이타적 관점에서 중소기업, 소상공인, 자영업자와 공존할 수 있는 시스템이다. 민간부문과 공공부문에서 청년을 위한 일자리 창출이 이루어질 때, 청년이

납부하는 세금이 늘어나고 결국 노인복지까지 가능하게 되어 또
하나의 자리이타가 실현된다.

자유로운 해고와
생존기본권 보장

—

인공지능과 로봇의 시대에는 끊임없이 노동자들이 해고되고 새로운 업종이 계속해서 탄생해야만 한다. 시장자본주의와 생존기본권이라는 양극단이 조화를 이루는 중도 대타협이 절실한 시대다.

만약 우리가 행복을 가장 중요한 국가목표로 삼는다면 어느 나라를 참고해야 할까? 유엔아동기금(UNICEF)의 미성년 행복지수 조사에 의하면 네덜란드 어린이들의 행복도가 세계 1위를 차지했다. 그리고 유엔의 행복도 조사에 의하면 덴마크 국민의 행복도가 세계 1위다. 네덜란드와 덴마크는 시장자본주의와 복지의 중간에서 어설프게 타협하지 않고, 양극단이 균형 있게 조화를 이루는 정책을 추구하는 국가다. 이들 나라는 우리와 비교해 환경과 조건이 매우 다르지만, 그들의 경험은 우리에게 아주 중요한 교훈을 제공해준다. 따라서 네덜란드와 덴마크의 모든 제도를 도입하는 것은 우리의 실정과 맞지 않지만, 양극단의 조화라는 지혜는 충분히 참고하고 새겨볼 만하다.

네덜란드와 덴마크는 기업이 종업원을 자유롭게 해고할 수 있어 노동 유연성이 높고, 각종 기업규제가 최소 수준이기에 완전자유시장경제라고 말한다. 반면에 실업자 수당, 재취업을 위한 교육을 제공하는 등 파격적인 복지국가이기도 하다. 한국은 민족성이 강하고 갈등이 첨예화된 나라이기에, 양자가 추구하는 정책이 변형되어 채택되면 양쪽 모두 100% 불만을 갖는다. 차라리 양쪽이 추구하는 내용을 동시에 충족시켜 균형을 취하면 50%는 만족할 수 있다. 양극단의 조화는 패배를 견디지 못하는 우리 민족성에 맞는 적절한 방법이고, 무엇보다도 '대한민국 대타협'을 성취할 수 있다. 스웨덴이 오늘날 복지국가가 될 수 있었던 것은 진보 정당이 보수 정당의 요구를 수용하면서, 대타협을 통해 복지를 추구했기 때문이다. 네덜란드와 덴마크는 스웨덴보다 훨씬 더 강한 양극단이 공존하고 있다.

인공지능과 로봇, 디지털 경제, 4차 산업혁명의 시대가 도래했다. 앞으로 해고는 좀 더 자유롭되 비정규직을 줄이고 고통을 덜어주는 공정한 시장경제가 필요하다. 인공지능과 로봇의 시대에는 끊임없이 노동자들이 해고되고 새로운 업종이 계속해서 탄생해야만 한다. 고용이 경직되어 있으면 경제는 바로 침체된다.

조직의 성과를 높이기 위해서도 노동유연성이 필요하다. 예전에 대학에서 직원 인사를 담당하는 총무처장을 맡은 적이 있었다. 인사이동이 끝난 뒤, 한 단과대학 학장이 자신의 단과대학에 발령받은 직원을 교체해달라고 요구했다. 이미 인사가 확정

노동유연성과 규제완화 정책이
생존의 기본권과 조화를 이루는
중도적 지혜가 대한민국에
필요하다. 기업이 자유롭게
해고할 수 있다면, 비정규직을
축소하는 데 부담을 느끼지
않을 것이다. 노동자도 생존의
기본권이 보장된다면, 노동유연성
강화에 반대하지 않을 것이다.
노동유연성과 규제완화의
정도만큼 생존의 기본권이
보장되어야 한다.

되어 어쩔 수 없으니 다음 번 인사 때 고려하겠다고 했다. 그 학장은 차라리 아무도 보내지 않아도 되니 그 직원을 보내지 말아달라고 부탁했다. 다른 직원들 말에 의하면 '그 직원이 오면 일을 하기는커녕 사고를 치기 때문에, 뒤처리에 더 힘이 들어서 차라리 없는 편이 낫다'고 한다. 직원 한 명이 줄어드는 한이 있어도 말썽꾸러기 직원을 받고 싶지는 않다는 것이다. 만약 기업이 이런 말썽꾸러기를 자유롭게 해고할 수 없다면 세계를 무대로 경쟁할 수 있을까.

게으르고 조직에 해를 끼치는 직원을 자유롭게 해고할 수 있게 국가가 허용한다면, 두 가지 조건이 충족되어야 한다. 첫째, 정부는 의교주(醫敎住, 의료·교육·주거) 플러스 알파(일자리)라는 생존의 기본권을 보장해주어야 한다. 둘째, 기업은 새로운 비정규직 정책에 찬성해야 한다. 비정규직을 축소하되 비정규직이 필요할 때는 호주처럼 비정규직에게 좀 더 높은 보수를 지불해야 한다. 왜냐하면 비정규직은 여러 가지 불이익을 감수하며 일을 하기 때문이다.

노동유연성과 규제완화 정책이 생존의 기본권과 조화를 이루는 중도적 지혜가 대한민국에 필요하다. 기업이 자유롭게 해고할 수 있다면, 비정규직을 축소하는 데 부담을 느끼지 않을 것이다. 노동자도 생존의 기본권이 보장된다면, 노동유연성 강화에 반대하지 않을 것이다. 노동유연성과 규제완화의 정도만큼 생존의 기본권이 보장되어야 한다. 다만 노동유연성과 규제완화는 단기간에 마음만 먹으면 실현될 수 있지만, 생존의 기본권을 보장하는 의교주 플러스 알파와 비정규직 제도의 개혁은 오랜 시간이 소요된다는 문제가 있다.

　불교는 양극단을 떠나 중도를 추구하지만, 중간이나 평균을 고집하는 것 또한 극단이다. 때로는 양극단이 적절하게 균형을 이루고 있으면 불교가 지향하는 중도의 또 다른 모습이 될 수 있다. 시장자본주의도 절반, 복지도 절반인 국가보다는 시장자본주의와 복지가 중도적 균형을 이루며 서로의 문제점을 보완하는 국가가 불교중도국가다. 어차피 정답이 없는 세상에서 끊임없이 다양성과 유연성을 가지고 해답을 모색하다보면, 최적 대안을 발견할 수 있다. 모든 것이 변한다면 최적 대안도 일시적이므로, 집착하지 말고 주기적으로 개혁해야 한다. 이것이 연기(緣起)의 세계에서 시장과 정부가 참고해야 할 최적의 지혜다.

국민이 소중하다면
예산으로 보여줘야 한다

진정 국민이 나라의 주인이고 국민을 위해 정치를 하겠다면, 어떤 경우에도 국민의 생존기본권이 지켜질 수 있도록 국민을 위한 예산 집행으로 보여줘야 한다.

가끔 가짜 뉴스와 엉터리 기사 때문에 손해를 보는 어느 정치인에게 "그런 기사를 못 쓰도록 하려면 어떻게 해야죠?"라고 물었다. 그러자 "손해배상을 청구하는 게 최고예요. 돈이 나가면 제일 힘들어하더라구요. 언론사에서는 사과나 정정 기사보다 돈으로 손해 보는 게 제일 큰 타격이에요."라는 답이 돌아왔다. 언론사는 기자가 기사를 잘못 써서 정정요구 받는 것을 치명적인 이력으로 간주하지만, 손해배상으로 인해 돈을 내놓는 것이 더 큰 타격이라는 말이다. 어떤 사람이 '고마워'라고 말하자, 상대가 웃으면서 '말로만 하지 말고 물질적으로 생각해줘'라고 농담을 했다. 그 자리에서 다들 유쾌하게 웃으며 지나갔지만, 돈은 사실 실질을 대표한다.

만약 아버지가 임종하면서 큰아들에게 '너는 부모자식 간의

누구나 자동차를 사면 자동차
보험에 가입한다. 그리고
사고가 나면 보험회사가
기본적인 손실은 보장해주리라
기대한다. 마찬가지로 우리는
나라에 세금을 내기에, 정부가
적어도 우리의 생존과 관련해
기본적인 수준을 보장해줄
것으로 기대해야 한다. 만약
정부가 생존의 기본적인 수준을
보장하지 못한다면, 세금을
거둘 자격이 없다.

사랑을 돈으로만 평가하지는 않겠지? 나는 큰아들인 너를 제일 사랑한다. 그러나 전 재산은 네 동생에게 주겠다.'라고 말한다면, 큰아들은 정말 아버지가 자기를 사랑했다고 믿을까? 정부나 정치인이 국민을 진심으로 위한다면, 국민을 위한 예산 집행으로 보여주어야 한다.

정부종합청사를 지나가면서 자신의 건물이라고 생각하는 국민이 얼마나 될까? 세금을 내는 국민이 주인이건만, 우리는 무심코 정부 소유라고 여긴다. 세금을 낸 이후에는 그 세금의 소유권이 정부로 이전되고, 정부가 마음대로 사용할 수 있다고 기계적으로 생각한다. 국민이 낸 세금이 국민을 위해 사용되지 않는다면, 우리는 어떻게 해야 할까?

루소는 "국민은 현명하지 않을 수 있지만 결코 틀리지 않는다."라고 했다. 정부예산을 기업에 퍼부어주면 결국 국민에게 혜택이 간다는 거짓말에 더 이상 속지 않아야 한다. 그러기 위해서는 먼저 돈에 있어서 우리가 주인이 되어야 한다. 정말 국민이 대한민국 주인이라면, 정부예산을 국민 마음대로 요리할 수 있어야 한다. 국민이 주인이이고 민주주의가 제대로 작동되고 있는 증거를 제시하라면, 나는 국민의 의사에 따라 정부 예산이 변경되는 현상을 거론하고 싶다.

누구나 자동차를 사면 자동차 보험에 가입한다. 그리고 사고가 나면 보험회사가 기본적인 손실은 보장해주리라 기대한다. 마찬가지로 우리는 나라에 세금을 내기에, 정부가 적어도 우리의 생존과 관련해 기본적인 수준을 보장해줄 것으로 기대해야 한다. 만약 정부가 생존의 기본적인 수준을 보장하지 못한다면, 1인당 GDP 27,000달러가 넘는 대한민국 정부는 국민으로부터 세금을 거둘 자격이 없다.

지방자치단체장이 선거에서 당선되어 공약을 지키고자 어떤 사업을 하려고 할 때, 예산담당자로부터 가장 자주 듣는 말이 "예산이 없습니다."일 것이다. 미국의 어느 주지사는 자신이 사무실에 들어가면 공무원들이 자리에서 일어나 존경을 표했는데, 앞으로는 자리에서 일어나지 않아도 좋다고 말했다. 대신 주민에게 약속한 공약을 지킬 수 있도록, 자신에 대한 존경을 주민을 위한 예산 편성으로 보여달라고 했다.

『증일아함경』에서 정부는 재정이 풍부해야 한다고 했다. 하지만 재정이 부족할 때는 『장아함경』에서 "여기에 성왕은 그 깃대를 부수어 사문과 바라문과 온 나라 안의 가난한 사람들에게 보시하고…"라고 했듯이, 세금으로 국민을 괴롭히면 안 되고 왕의 깃대를 부수어서라도 국민에 대한 의무를 다해야 한다. 정부는 어떤 상황에서도 돈이 없다는 말은 하지 말아야 한다.

대한민국 기획예산처 장관은 예산의 30%는 낭비성 예산이라고 했고, 대학에서 평생 정부의 예산에 대해 강의해온 나도 예산의 30%는 줄일 수 있다고 생각한다. 그러니 더 이상 돈 없다는 소리는 그만하고, 정부가 진정 국민을 위한다면 중산층과 서민을 위해 예산을 사용해야 한다. 진정한 리더라면 정부예산에 대해서 리더십을 발휘할 수 있어야 하고, 진정 국민이 나라의 주인이라면 정부의 예산은 국민을 위해 사용되어야 한다.

대한민국 예산을 보면 선진국에 비해 유난히 비중이 큰 항목이 있는데, 바로 토목·건설(토건) 관련 예산이다. 전투기 하나에 보통 수천억 원씩 하는 첨단 무기의 경우, 그 액수가 천문학적이기 때문에 구매 비리로 인한 예산 낭비는 엄청나다. 만약 방위산업과 무기 구입이 도덕적으로 이루어진다면, 예산절감 액수는 상상을 초월할 정도로 크다. 대한민국은 한 해 돈을 벌어서 이자도 못 내거나 겨우 이자만 내고 연명하는 좀비기업의 비율이 다른 나라에 비해 유난히 많다. 2015년 기준 거의 30%에 이른다. 국민에 대한 지원은 말끝마다 돈 없다고 '예산 타령'만 하면서 좀비기업에 퍼붓는 돈은 아낌이 없다. 경제 분야 예산이 다른 나라에 비해 더 많은 비중을 차지한다는 사실은, 국민이 아닌 기업을 위한 예산이라는 증거가 아닐까?

불교경전은 국왕이 국민의 은혜를 받고 있기 때문에 국민을 구제해야 한다고 강조하는데, 국민의 은혜란 바로 세금이다. 불교는 분명한 거래관계를 매우 중요시한다. 『별역잡아함경』에서는 "은혜를 받으면 반드시 그에 상응하는 대가를 지불해야 한다."고 했다. 정말 국민의 은혜를 받았다고 여긴다면, 국민을 위해 예산을 사용해야 한다.

청년이 살아야
노인도 산다

일본은 청년에 투자하지 않아 내리막길을 걸었지만, 독일은 청년에 투자하여 최강의 경제대국으로 등극했다. 노인에게 투자하면 청년이 죽지만, 청년에 투자하면 노인까지 살 수 있다.

잃어버린 10년에 이어 잃어버린 20년을 겪고 있는 일본을 전 세계가 답습한다는 의미의 '일본화(Japanization)'라는 단어가 등장했다. 경제가 힘들면 온 국민이 힘들지만, 유난히 청년들에게 가혹하다. 세계적으로 청년 실업이 급증하고, 대학을 졸업하고 심지어 결혼한 뒤에도 부모의 품을 떠나지 못하는 캥거루 세대가 늘어나고 있다. 각종 노인복지 때문에 노인천국으로 간주되는 이탈리아에서는 캥거루족이 무려 70%이며, 스페인의 청년실업은 50%를 넘었다. 일본에서는 적게 벌고 적게 쓰겠다며 마치 득도(得道), 즉 깨달은 사람 같은 청년 세대인 '사토리 세대'가 등장했다. 세계적으로 경제위기가 반복될 때마다 청년 세대는 더욱 가난해진다.

　일본은 건설 경기를 부양해 경제를 살리려고 했으나, 오랜 시간이 지나서야 실패를 인정하게 된다. 다른 국가에서는 어떻게든 일본의 실패를 답습하지 않으려 노력하지만, 우리는 그동안 오직 부동산과 건설 경기만 부양하면서 스스로 일본화를 통해 무덤을 파고 있다.

일본은 인구가 감소하면 일할 사람이 부족해 취업이 잘 되고 임금도 올라, 결국 경제가 좋아질 것으로 낙관했다. 예상과는 달리 일할 사람이 줄어들자, 소비가 줄고 내수가 위축되었다. 세금도 줄어들고 결국 노인에게 피해가 간다는 것이 드러났다. 한국은 저출산 문제가 가장 심각한 나라 중 하나이므로 일본의 실패를 반복하지 않아야 한다. 경제가 힘들 때 노인을 위한 정책에 예산을 투입하면, 오히려 경제가 침체하고 궁극적으로 노인도 어려워진다. 당장 힘들더라도 청년에게 투자하면, 결국 노인이 덕을 본다. 일본은 청년에게 투자하지 않아 경제가 내리막길을 걸었지만, 독일은 청년에게 투자하여 세계 최강의 경제대국으로 등극했다. 노인에게 투자하면 청년이 죽지만, 청년에게 투자하면 노인까지 살 수 있다.

실패한 일본을 따르지 말고 성공한 독일을 따라야 한다. 독일에서는 최장 25세까지 한 달에 최고 25만 원의 아동수당을 받는다. 대학생의 등록금은 거의 공짜나 다름없음에도 한 달에 최고 80만 원의 생활비까지 지원받는다. 직업학교를 택하면 기술교육을 받으면서 한 달에 평균 120만 원을 받는다. 우리나라와 달리 취직 한 번 하지 않았어도 실업자로 분류되면 무조건 실업

한국은 저출산 문제가 가장
심각한 나라 중 하나이므로
일본의 실패를 반복하지 않아야
한다. 경제가 힘들 때 노인을 위한
정책에 예산을 투입하면, 오히려
경제가 침체하고 궁극적으로
노인도 어려워진다. 당장
힘들더라도 청년에게 투자하면,
결국 노인이 덕을 본다.

수당을 받는다.

　이러한 청년 투자 덕분에 독일 청년은 초고령 사회로 진입한 독일에서 꾸준히 경제활동을 하며 든든한 버팀목이 되어주고 있다. 독일은 1970년부터 각종 청년복지 정책을 강화했는데, 당시 독일의 1인당 국민소득은 3천 달러가 안 됐다. 2015년 우리나라 국민 소득의 10분의 1에 불과하니, 예산이 없다는 핑계로 청년복지를 더 이상 미뤄서는 안 된다.

　옥스퍼드 인구문제 연구소가 꼽은 지구상에서 제일 먼저 사라질 나라는 대한민국이다. 청년 인구의 급속한 감소, 노인 인구의 급격한 증가는 우리나라의 가장 큰 문제다. 대한민국 청년의 현실을 보면 2015년 학자금 대출은 5년 전에 비해 217%나 증가했다. 대한민국은 지난 10년 동안 저출산 대책으로 80조 원이라는 엄청난 돈을 퍼부었지만, 사실상 정책 실패를 인정하고 있다. '의교주(의료·교육·주거) 플러스 알파(일자리)'에 80조 원을 사용했더라면 그 효과는 훨씬 컸을 것이다. 정부예산을 시장의 강자들에게 퍼부어줄 것인지 경제의 미래를 책임질 청년에게 투자할 것인지는 정치의 문제다. 노인에게 투자할 것인지 청년에게 투자할 것인지도 정치의 문제다. 왜냐하면 과학적 판단이 아니라 가치에 관련되는 철학적 판단이기 때문이다.

　『십송률』에서는 "보시 받을 때 너무 많이 취하면, 보시하는 사람이 가난해지고 파산하므로 너무 많이 받으면 안 된다."고 설한다. 어떤 재가자가 보시를 너무 많이 하다 보니 가난해져서, 그 다음에는 보시를 못하게 되었는데 이는 불교교단의 입장에서도 손해다. 신도가 가난해지면 보시가 줄어드는 불교교단처럼, 청년이 가난해지면 세금이 줄어들어 결국 나라가 가난해진다. 독일처럼 장기적 관점에서 청년에 투자해야 노인도 살게 된다.

3

잠시 당신의 자녀나 손자손녀가 어떤 세상에서 어떤 모습으로 살아갈지 상상해보라. 심신 장애를 겪거나 희귀병을 앓을 수도 있다. 학자금 대출을 갚느라 청춘을 보내고, 비전규직을 떠돌며 컵라면으로 점심을 때울 수도 있다. 월세방을 전전하며 혼자서 늙어갈 수도 있다. 우리의 아들딸이 못나서가 아니다. 능력이 없거나 노력이 부족해서도 아니다. 사회가 불공정하고 나라가 책임지지 않기 때문이다. 북유럽의 복지선진국들은 경제발전, 국민행복도 등 모든 지수에서 세계 최고다. 그들은 우리보다 GDP가 현저히 낮을 때 복지를 시작했다.

불교 경전에 나타난 이상국가는 생존에 필요한 거의 모든 것을 보장해주는 수준이며, 현대의 북유럽국가보다 훨씬 강한 수준의 복지국가를 지향한다. 2,600년 전 부처님 당시에 제기되었던 정책을 우리 정부는 아직도 실행에 옮기지 못하고 있다. 우리가 생존의 기본권이 보장되는 사회를 만드는 것은 자녀와 손주에게 줄 수 있는 최상의 생존보험이다.

자녀와 손주를 위한
생존보험

현대는 한순간에 중산층에서 빈곤층으로 전락할 수 있는 위험사회다. 우리가 생존의 기본권이 보장되는 사회를 만드는 것은 자녀와 손주에게 줄 수 있는 최상의 생존보험이다.

나는 2018년 정년퇴임을 한다. 퇴임 후에는 사학연금으로 노후를 편하게 지낼 수 있다. 자식들은 나름 열심히 살며 제 앞가림은 하니 큰 걱정은 없다. 그렇다면 이제야말로 인생을 즐겨볼 때다. 100세가 가까워오는 김형석 연세대 명예교수는 정신적으로 성숙한 노년을 마음껏 즐길 수 있었던 60세부터 75세를 자신의 전성기로 회고했다. 그렇다면 나도 이제 인생의 전성기를 맞은 셈이다. 어떻게 하면 후회없이 행복한 노후를 살 수 있을까. 세상의 암울하고 불공정한 현실에 눈과 귀를 닫고, 그저 유유자적 편하게 살 수도 있다. 그러나 분노와 한탄을 유발하는 세상을 도저히 외면할 수 없고, '무언가 해야 하지 않을까' 하는 의무감에 사로잡힌다.

우리나라를 비롯해 미국, 유럽, 일본 등 거의 모든 나라에서 중산층이 붕괴하고 있다. 자칫 큰 병을 앓거나 실직을 하면, 한 순간에 중산층에서 가난한 계층으로 추락한다. 우리 자식 세대는 그럭저럭 살지 모르지만, 그 다음 세대는 어쩌면 아주 힘든 삶을 살 수도 있다. 앞으로의 세상을 걱정하는 것은 내가 훌륭한 사람이어서가 아니라, 내 자식과 손주들이 걱정되기 때문이다. 나는 이미 태어난 내 자식과 앞으로 태어날 손주가 걱정되어 세상을 걱정한다. 알고 보면 순전히 이기적인 생각에서 세상을 걱정하는 것이다. 그러나 굳이 따지자면 나의 이기적인 생각이 그리 나쁜 것만은 아니다. 내 자식과 손주들에게 그 어떤 일이 일어나도 생존의 기본권이 보장되는 세상은 온 국민이 원하는 세상이기 때문이다.

잠시 당신의 자녀나 손자손녀가 어떤 세상에서 어떻게 살아갈지 상상해보라. 당신의 후손이 지능이 현저하게 떨어지거나 장애인으로 태어날 수도 있다. 돈이 없어서 대학을 졸업하지 못하거나 겨우 졸업했는데 학자금 대출을 갚느라 한 10년 고생한다고 생각해보자. 대학 졸업 후 주택 구입은커녕 전세금 마련할 길조차 없어, 지하방이나 옥탑방에서 월세로 살며 결혼도 포기하고 홀로 살고 있다고 상상해보자. 능력도 있고 노력도 하는데 직장을 구하지 못하여, 비정규직을 떠돌면서 가방에 넣어둔 컵라면으로 점심을 때우며 근근이 살고 있다고 가정해보자.

현재 모아둔 재산도 어느 정도 되고 자녀들이 똑똑하다고 해서 오만하거나 안심해서는 안 된다. 지금 세상은 한순간에 중

존 롤스는 『정의론』에서 "사회의
약자에게 가장 먼저 최대의 혜택이
주어져야 정의로운 사회다."라고
했다. '의교주 플러스 알파'가
보장되는 사회가 바로 정의로운
사회다. 불교는 자비의 종교이며,
달라이라마는 보다 나은 경제사회를
위해서는 자비가 필요하다고
강조했다. 시장의 약자에게 생존의
최소 수준을 보장하는 사회야말로
자비롭고 풍요로운 세상이라고 할
수 있을 것이다.

산층에서 빈곤층으로 전락할 수 있는 위험사회다. 만약 그러한 상황이 닥치더라도, 최소한 '의교주(의료·교육·주거) 플러스 알파(일자리)'가 보장되는 사회라면 충분히 안심할 수 있다.

20세기 가장 유명한 정치철학자 존 롤스는 『정의론』에서 "사회의 약자에게 가장 먼저 최대의 혜택이 주어져야 정의로운 사회다."라고 했다. '의교주 플러스 알파'가 보장되는 사회가 바로 정의로운 사회다. 불교는 자비의 종교이며, 달라이라마는 보다 나은 경제사회를 위해서는 자비가 필요하다고 강조했다. 시장의 약자에게 생존의 최소 수준을 보장하는 사회야말로 자비롭고 풍요로운 세상이라고 할 수 있을 것이다.

의사, 변호사, 교수들도 좋은 시절 다 끝났다고 아우성이다. 소상공인, 자영업자, 중소기업 경영인들은 '힘들다'가 아니라 '죽겠다'고 한다. 아무리 경제가 침체되었다고 하지만, 수치상 경제는 분명 성장하고 있다. 다만 그 과실(果實)이 소수에게 집중되다 보니 나머지 대다수의 삶이 힘들 뿐이다. 우리는 극소수의 재산을 늘려주기 위해 쉼없이 일하고 있으며, 부자들의 재산만 눈덩이처럼 불어난다.

생존의 기본권을 보장하는 것은 우리가 자녀와 손주에게 줄 수 있는 최상의 생존보험이다. 지금의 노인 세대를 보라. 젊은 시절 자신을 희생하며 열심히 일했지만, 노후를 맞이하고 보니 대한민국은 어느덧 OECD 노인빈곤 최악의 국가로 전락했다. 우리의 노후를 위해, 우리 자식과 손주의 미래를 위해 반드시 생존의 기본권을 보장하는 정치적 제도를 마련해야 한다.

　『장아함경』에 왕이 아들과 신하를 불러놓고 대화하는 장면이 있다. "모든 백성들에게 필요한 것을 공급하여 모자람이 없게 하라. … 밥이 필요한 사람에게는 밥을 주고 옷을 필요로 하면 옷을 줘라. 나라에 외로운 이와 노인이 있거든 마땅히 물건을 제공해 구제하고, 가난하고 곤궁한 자가 와서 구하는 것이 있거든 부디 거절하지 말라." 경전에 나타난 이상국가는 생존에 필요한 거의 모든 것을 다 보장해주는 수준이다. 현대의 북유럽국가보다 훨씬 강한 수준의 복지국가를 지향하고 있다. 심지어 『증일아함경』에는 부처님이 왕에게 "고독한 이를 위해서는 그 아내를 주선해주며 갖가지로 보시하되…"라고 설하고 있다. 배우자의 주선까지 바라지 않더라도, 생존의 기본권이라도 보장하는 대한민국을 꿈꿔본다.

빈부격차가 줄어들수록
정의로운 사회다

앞으로 상위 0.1% 대 나머지 99.9%의 사회가 된다는 경고가 나온다. 정의로운 사회란 자기가 받아야 할 몫을 되돌려 받는 사회, 자기가 받아야 할 몫 이상은 되돌려주는 사회다.

미국의 중산층은 한때 전 세계에서 가장 부유하다는 자부심이 있었다. 고등학교만 졸업해도 좋은 직장을 얻을 수 있었고, 누구나 결혼하면 집을 구입하고 월세로 살 때에도 자동차는 기본으로 소유하고 있었다. 미국의 중산층은 2008년 글로벌 금융위기로 인해 급속도로 서민화되고 있다. 그러나 미국 경제는 정보통신, 인공지능, 로봇, 바이오헬스 산업의 혁신적 발전으로 세계에서 거의 유일하게 성장하고 있다. 그런 미국에서도 중산층의 소득은 거의 증가하지 않았다. 2016년 미국 대선에서 보수의 트럼프와 진보의 샌더스 열풍이 불었던 가장 큰 원인은 중산층의 붕괴 때문이었다.

심각한 빈부격차는 미국만이 아니라 영국도 겪고 있는 질병이다. 영국이 모든 경제 문제를 이민자 탓으로 돌리고 브렉시트

〔영국의 유럽연합(EU) 탈퇴〕를 감행한 것은 심각한 빈부격차와 중산층의 붕괴가 가장 큰 요인이었다. 중산층의 확대는 국민통합의 가장 효과적인 수단이다. 그러므로 붕괴된 중산층을 복원하여 경제를 살리고 갈등, 증오, 혐오, 공포의 정치에서 화해, 타협, 대화의 정치를 실현해야 한다.

잃어버린 20년을 겪고 있는 일본의 사례에서 우리가 가장 관심을 가져야 할 교훈은 인구의 급격한 감소로 인한 경제 충격이다. 일본의 경영진이 받는 연봉은 평사원에 비해 높지 않기로 유명했으며, 빈부격차가 심하지 않았기에 중산층의 비율이 높았다. 하지만 잃어버린 20년 동안 중산층이 붕괴하고, 노인빈곤율 또한 OECD 최고인 대한민국을 바짝 뒤쫓고 있다. 중산층을 복원하기 위해서 가장 필요한 것은 연애·결혼·출산을 포기한 3포 세대에게 투자하여, 인구와 소비가 증가하여 세금이 증가하는 선순환을 만들어내는 일이다. 재원이 부족하다면 부자에게 더 많은 세금을 부과하고, 낭비성 정부 예산 퍼주기를 중단하며 이에 상응하는 추가 재원을 마련해야 한다.

그동안 정부는 서민의 세 부담은 살짝살짝 올리면서 부자의 세금은 계속 경감해주었다. 배당소득증대세제에 따라 100억 원 배당 부자의 경우 최대 13억 원의 세금 혜택이 발생한다. 2009년 미국 캘리포니아 주민들은 주정부가 중산층과 서민의 세금을 함부로 인상할 수 없도록 법안을 제정하는 세금반란(Tax Revolt)을 감행했다. 2016년 뉴욕의 갑부 51명은 아동빈곤율이 50%가

이익 창출에 기여한 국민이
제 몫을 받지 못하고
빈부격차는 점점 확대되고
있다. 소득재분배라는 단어는
잘못된 단어다. 중산층과
서민에게 부자가 선심을
베푼다는 의미를 내포하고
있다. 중산층과 서민이 제 몫을
되돌려받는 것은 소득재분배가
아니라, 소득의 환원이고
권리의 회복이며 소유권의
원상복구다.

넘고 노숙자가 8만 명을 넘어선 뉴욕의 현실을 부끄럽게 여긴다며, 주지사와 주의회에 소득 상위 1%의 세금을 올려달라고 요구했다. 뉴욕 경제를 통해 이득을 본 뉴요커로서 세금을 더 많이 낼 능력과 책임이 있다는 것이다.

부자의 능력과 노력에 비추어볼 때 그들에게 그렇게 많은 재산을 허용할 이유는 없다. 무엇보다 과다한 재산이 축적되지 않도록 소득세, 양도세, 소비세, 배당세 등 각종 세금을 강화해야 한다. 기업에 대한 각종 법인세 감면만 줄여도 상당한 여유재원이 확보된다.

국민은 가난해지는데 기업은 부자가 되어 벌어들인 돈을 쌓아놓고 쓰지 않으니, 급기야는 정부가 투자나 임금 등으로 지출을 안 하면 세금을 더 매기겠다는 기업환류소득세제(사내 유보금 과세)를 국회에서 통과시켰다. 참으로 해괴한 법이 아닌가? 이명박 정부가 법인세를 3%나 인하해주더니, 이제는 그렇게 해서 더 벌이들인 돈을 쓰지 않는다고 박근혜 정부가 또 다시 세금을 매긴 것이다. 이건 '병 주고 약 주는' 게 아니라 '약 주고 병 주는' 격이다. 대기업은 투자할 곳이 없다고 쌓아 놓은 돈을 쓰시 않으면서 편하게 돈 벌기 위해 소상공인이나 자영업자들의 일터인 뒷골목과 금융산업이나 넘보고 있는데, 중소기업은 투자할 곳은 많은데 돈이 없다고 아우성이다.

이미 형성된 재산은 자발적 기부 혹은 적절한 세금으로 국민에게 환원되도록 유도해야 한다. 만약 부유세를 신설하면 지하경제, 해외재산도피, 이중과세 문제 등으로 소기의 효과를 보지 못할 가능성이 크다.

오늘날 대한민국에서도 중산층이 부자가 될 확률보다는 빈곤층으로 전락할 확률이 훨씬 더 높다. 노후복지의 미비, 자식 뒷바라지, 하우스 푸어 등으로 인해 중산층은 급속하게 서민화되고 있다. 인공지능과 로봇의 시대가 머지않았다. 대량 해고가 예상되고 중산층과 빈곤층을 구별하는 경계선도 모호해진다. 현재 상위 1%가 하위 99%를 지배하고 있는 사회가 상위 0.1% 대 나머지 99.9%의 구조로 변모해간다는 경고도 나온다. 어떤 상황에서도 죽을 때까지 생존의 최소 수준이 보장되면, 인간은 훨씬 양순해지며 범죄율과 자살률 역시 획기적으로 줄어든다. 정치를 통해서 생존의 기본권이 보장될 때 중산층은 든든한 보험을 가질 수 있다. 지금 자신이 중산층이라고 안심해서는 안 된다. 언제 빈곤층으로 전락할지 모르니 보험을 마련한다고 생각하고, 대한민국을 개혁하여 생존의 기본권을 보장해야 한다.

초기불교 경전에는 생산에 관한 언급보다 분배에 관한 언급이 훨씬 더 많으며, 생산의 문제보다 분배의 문제를 더 중요시했다. 시장자본주의에 의한 분배는 강자가 독식하는 분배이며 사회에 기여하는 가치는 무시한다. 예를 들어 과학자가 과학적 발견을 했을 때 법과 제도에 의해 과학자가 얻는 과실이 달라지는데, 경제적 과실을 기업과 공유할 수도 있고 조금밖에 얻지 못할 수도 있다. 따라서 정부가 과학자를 위해 법과 제도를 변경하면 과학이 발전하고, 경제적 과실을 자본가가 독점하지 않기에 공정한 분배가 가능하다.

과학자만이 아니라 모든 국민이 자신의 능력과 노력에 비례하여 분배받지 못한다. 한국여성의 고운 피부와 아름다움, 화장기술, 한류열풍 등은 화장품과 직접 관련은 없지만 화장품의 수출에 상당히 기여한다. 화장품 기업은 한국 여성과 한류 종사자들로부터 많은 덕을 보고 있지만 한 푼의 대가도 지불하지 않는다. 오히려 정부가 수출기업에 유리한 환율정책을 펴면 수입품의 가격이 인상되므로, 한국 소비자는 손해를 본다. 한국 기업은 조세, 금융, 정부 보조금, 전기요금 등에서 많은 특권을 누린다. 이처럼 기업의 이익에는 수많은 사람들이 기여하지만, 기업은 이익을 독식한다. 반면 기업이 망하면 국민의 세금을 퍼붓기에 손실은 온 국민이 부담한다.

이익 창출에 기여한 국민이 제 몫을 받지 못하고 빈부격차는 섬점 확대되고 있다. 소득재분배라는 단어는 잘못된 단어다. 중산층과 서민에게 부자가 선심을 베푼다는 의미를 내포하고 있다. 중산층과 서민이 제 몫을 되돌려받는 것은 소득재분배가 아니라, 소득의 환원이고 권리의 회복이며 소유권의 원상복구다. 정의로운 사회란 자기가 받아야 할 몫을 되돌려받는 사회, 자기가 받아야 할 몫 이상은 되돌려주는 사회다. 애덤 스미스는 "소수에 의해 독점된 시장자본주의로는 결코 나라가 부강해질 수

없다.”고 했다. 정부가 나서서 국민이 경제에 기여하는 실제 가
치에 따라 공정한 몫을 갖도록, 천민자본주의를 개혁하여 공정
한 시장자본주의를 실현해야 한다.

현대의 생활필수요소는
'의식주'가 아니라 '의교주'다

옛날에는 의식주(衣食住)가 생존의 생활필수요소였다면 현대는 의교주(醫敎住), 즉 의료·교육·주거로 바뀌었다. 의교주가 보장되면 먹는 것과 입는 것은 자연스럽게 해결된다.

흔히 사람이 생활하는 데 꼭 필요한 세 가지 요소를 '의식주(衣食住)'라고 하지만, 나는 현대생활의 변화에 맞춰 '의교주(醫敎住)'로 바꿔 말하고 싶다.

의식주의 첫째는 '의복', 즉 '옷'이다. 명품 옷이야 한없이 비싸지만 과거와는 달리 오늘날 가난해서 옷이 없는 사람은 없다. 생존을 위해서는 의복보다는 의료가 더 절박한 시대다. 건강보험제도는 모든 의료비를 보장해주지 않기 때문에 노후에 큰 병이 나면 중산층도 빈곤층으로 전락하며 희귀병에 걸리면 수억 원이 소요된다. 조사에 의하면 노후 빈곤의 가장 큰 요인이 의료비라고 한다. 대학졸업 할 때까지와 70세 이상의 의료비는 국가가 보장해주는 것이 가장 시급한 정책이며 재정 여유가 있다면 모든 국민의 의료비를 보장해줘야 한다.

의식주의 둘째는 '먹는 것'이다. 의복이 없어서 얼어죽는 사람은 없어도 굶어죽는 사람은 가끔 뉴스에 나온다. 먹는 것의 해결이 의복의 해결보다는 어려운 것이 분명하지만, '의교주'가 보장되면 대부분 먹는 것은 자동적으로 해결된다. 나는 먹는 것 대신 요람에서 무덤까지의 교육을 보장해줘야 한다고 생각한다.

교육의 불평등은 사회불평등의 원인이기도 하므로 태어나서부터 대학 졸업 때까지 누구나 원하는 사람은 교육을 받을 수 있게 해야 한다. 아무리 가난해도 빚지지 않고 대학을 졸업할 수 있게 정부가 대학교육까지 책임져야 한다. 오늘날은 100세 시대이기도 하지만 인공지능 시대이기도 하기 때문에 대학을 졸업하고 취업한 뒤에도 언제 직장을 잃을지 모른다. 정부는 끊임없이 실업과 취업을 반복할 수밖에 없는 인공지능 시대의 노동자를 위하여 평생 교육체계를 마련해서 언제든지 재취업이 가능하게 만들어야 한다. 따라서 '의식주'의 '식' 대신 '교'가 중요한 의미를 갖는다.

의식주의 셋째는 '주거'다. 과거에는 피임 기술이 발달하지 않아서 인간의 탄생을 인위적으로 조정할 수 없었지만, 오늘날에는 출산을 얼마든지 조절할 수 있다. 만약 정부가 주거를 보장해줄 수 없다면 청년에게 더 이상 출산을 권고해서는 안 된다. 전통적으로 생존의 최소 수준을 '의식주'라고 표현했지만 이제는 '의교주'라고 표현해야 한다.

생존의 기본권이 보장된
나라의 국민은 생존을 위해서
남을 속이고 남에게 못된 짓을
할 필요가 줄어든다. 생존이
힘들어질수록 삶은 팍팍해지고
험해진다. 어떤 상황에서라도
정부가 생존의 기본권을
보장해주면, 연봉을 많이 주는
직장보다 자신이 좋아하는
직장을 선택하며 결과적으로
삶의 질이 향상되고 행복도가
크게 증가한다.

생존의 기본권이 보장된 나라의 국민은 생존을 위해서 남을 속이고 남에게 못된 짓을 할 필요가 줄어든다. 생존이 힘들어질수록 삶은 팍팍해지고 험해진다. 그렇다보니 노후의 생존을 위해 실제로 필요한 자금보다 훨씬 더 많은 자금을 저축해놓고서도 인색하다. 어떤 상황에서라도 정부가 생존의 기본권을 보장해주면, 연봉을 많이 주는 직장보다 자신이 좋아하는 직장을 선택하며 결과적으로 삶의 질이 향상되고 행복도가 크게 증가한다.

재산 때문에 부모자식 간의 관계, 형제자매 사이의 관계, 부부관계가 이미 예전과 같지 않다. 생존의 최소 수준이 정부에 의해 보장된다면 인간관계는 상당히 달라질 수밖에 없다. '의교주', 즉 '의료·교육·주거'가 보장되면 입는 것과 먹는 것은 쉽게 해결될 수 있다. 가계 부채의 상당 부분은 정부가 생존의 최소 수준을 보장해주지 못해, 국민이 스스로 대비책을 만드는 과정에서 생긴 현상이다.

여론조사에 의하면, 모든 국민에게 기본소득에 해당하는 금액을 현금으로 지급하는 기본소득제를 과반수 국민이 찬성한다. 하지만 막상 이 제도가 거론되면 국민의 거부반응이 만만치 않을 것이다. 스위스에서 기본소득제에 대한 국민투표가 실시되었는데 부결되었다. 대한민국에서 현실적으로 당장 시행할 수 있는 제도는 논란이 많을 수 있는 기본소득제가 아니라, 선별적으로 의교주를 보장해주는 제도다. 대한민국의 미래를 위해서 우선 청년부터 의교주를 보장해줘야 한다.

불교는 평등한 분배를 원칙으로 하지만 능력, 노력, 성과에 따라 차등하게 분배하는 것도 허용한다. 『사분율』에는 조금 일하면 조금 받고 많이 일하면 많이 받아야 한다는 원칙이 설해져 있다. 또한 "윗자리부터 차례차례 나누어주라."고 했는데, 가장 먼저 출가한 사람에게 우선권을 주는 것이다. 의교주는 모든 국민을 보장해줄 수도 있고, 특정 집단을 우선적으로 보장할 수도 있다. 경제성과를 가장 극대화하기 위해, 능력과 노력의 측면에서 국가에 가장 많은 기여를 할 수 있는 청년부터 의교주를 보장해주는 것은 불교적 분배의 관점에서 결코 부적절하지 않다.

의교주에 덧붙여,
'플러스 알파'가
필요하다

세계 어느 나라와 비교해도 손색이 없을 만큼 우리나라의 강점도 많다. 의교주에 덧붙여 안정된 일자리라는 알파를 보장해주면, 대한민국은 세상에서 가장 살기 좋은 나라가 될 수 있다.

미국이나 유럽에 사는 교포의 말을 들으면, 우리나라는 정말 편리한 나라다. 대중교통, 택배, 음식 배달서비스, 쇼핑, 각종 24시간 서비스, 은행, 인터넷 서비스의 편리함은 물론 운전면허증 등 각종 민원신청도 몇 시간 내에 처리된다. 심지어 미국에서 개업한 교포 의사들까지 한국에 와서 치료받고 갈 정도로 우리의 의료수준이 높고 의료시스템은 효율적이다. 건강보험은 오바마 대통령이 언론을 통해서 부러움을 표시할 정도다. 우즈베키스탄 같은 중앙아시아 국가들은 한국 아파트의 편리함에 열광한다. 밤 12시가 넘어서도 안심하고 돌아다닐 수 있는 나라가 전 세계에서 얼마나 될까?

그러나 아직까지 우리가 갈 길은 멀다. 우선적으로 공정한 시장경제가 실현되어야 한다. 노동유연성을 보장하고 규제를 완화하여, 신성장기업과 벤처기업이 마음껏 역량을 발휘할 수 있는 토대 마련이 급선무다. 그리고 중산층과 서민에게 의교주에 덧붙여 안정된 일자리라는 알파를 보장해주면, 대한민국은 세상에서 가장 살기 좋은 나라가 될 수 있다. 우리나라 헌법은 '모든 국민은 근로의 권리를 가진다'라고 일할 권리를 선언하고 있다. 세계인권선언도 노동할 권리를 분명하게 인권으로 선언하고 있다.

포털사이트 〈다음〉의 토론장 '아고라'에 3D 업종에 근무하는 어떤 젊은 청년이 자기는 절대 자식을 낳지 않겠다는 글을 올렸다. 자식을 낳아봐야 자기와 같은 운명의 길을 갈 테니 낳고 싶지 않다는 글이었는데, 수많은 댓글이 달렸다. 젊은 부부들이 빚을 안고 전세금 마련하면서 아이를 낳지 않기 위해 정관수술을 한다는 기사가 언론에 보도되었다. 이것이 대한민국의 어두운 현실이다.

명설 때 친척 어르신이 '연애 안 하느냐'고 물으면 '평균 데이트 비용이 월 50만 원이므로 월 50만 원 지원해주시면 당장 연애할 수 있어요'라고 대답하고, '결혼 안 하느냐'고 물으면 '결혼 비용이 2억4천만 원이므로 절반인 1억2천만 원 주시면 당장 결혼할 수 있어요'라고 대답하라는 대처법도 신문에 소개됐다.

행복에 관해서 수십 년 간 연구해온 긍정심리학은 건강, 배우자, 좋은 날씨 등이 행복에 긍정적인 영향을 미친다고 주장했

경제성장을 위해서라도
출산율을 높여야 한다면,
'의교주 플러스 알파'라는
생존의 기본권을 보장해야 한다.
여기서 알파란 일자리 마련,
즉 헌법에서 보장하고 있는
근로의 권리를 보장하는 것이다.
비정규직의 정규직 전환,
바람직한 비정규직 시스템의
구축, 호주처럼 비정규직의
봉급을 정규직 보다 높이는 것도
포함한다.

지만, 자녀와 행복도 사이에는 상관관계가 있는지 증명하지 못하고 있다. '무자식 상팔자'라는 속담도 있다. 헬조선이라 부르는 한국에서 자녀를 키우는 일은 참으로 어려운 일이며, 자식교육을 위해서 이민가겠다는 소리도 흔히 들어보는 소리다. 대한민국은 저출산 대책을 위해 지난 10년 동안 80조 원을 낭비했는데 효과가 없었다고 스스로 인정했다. 저출산이 계속되면 취업도 잘될 것이라고 예측했던 과거의 가설이 각국에서 들어맞지 않고 있다. 청년이 줄어들면 경제가 위축되고 세금이 줄어들어, 경제는 침체되고 노인들의 부양도 힘들어진다.

경제성장을 위해서라도 출산율을 높여야 한다면, '의교주 플러스 알파'라는 생존의 기본권을 보장해야 한다. 여기서 알파란 일자리 마련, 즉 헌법에서 보장하고 있는 근로의 권리를 보장하는 것이다. 비정규직의 정규직 전환, 바람직한 비정규직 시스템의 구축, 호주처럼 비정규직의 봉급을 정규직보다 높이는 것도 포함한다. 의교주 플러스 알파를 보장하지 못한다면 아이 낳으라고 권장하지 말아야 한다. 현재 시행하고 있는 저출산 대책보다 의교주 플러스 알파를 보장해주는 정책이 저출산 문제를 해결하는 가장 효과적인 정책이 될 것이다.

『구라단두경』에는 대신이 왕에게 "농사를 짓는 모든 자들에게는 마땅히 소와 송아지와 종자를 주어, 그들로 하여금 각각 스스로 경영하게 하십시오."라고 건의하는 구절이 나온다. 농부에게 소, 송아지, 종자를 주는 것은 마치 노동자에게 일자리를 주

어 스스로 일하게 하는 것과 동일하다. 일할 권리는 불교의 관점
에서 볼 때 국민의 당연한 기본권이며, 정부는 일자리를 제공할
의무가 있는 것이다.

뉴질랜드 복지는
우리보다 더 가난할 때
시작되었다

뉴질랜드의 '요람에서 무덤까지'라는 복지정책은 우리보다 국민소득이 더 낮았을 때다. 복지선진국들은 복지국가 망국론에도 불구하고 경제발전, 국민행복도 등 모든 지수에서 세계 최고다.

나는 안식년 때 교환교수로서 뉴질랜드에 머물며 정부개혁을 연구했다. 뉴질랜드에 있는 동안 친구 가족이 놀러왔는데, 친구의 둘째아이가 갑자기 아팠다. 여행자 비자를 받아 입국한 사람이 의료보험도 없는데 고액의 치료비를 어떻게 감당할까 걱정이 되었나. 친구는 고민하다가 엄청난 치료비를 각오하고 일단 병원에 가서 아이의 치료를 받았다. 그런데 치료 후 치료비를 물으니 무료란다. 15세 이하의 어린이는 누구나 나라에서 의료비를 부담한다는 것이다. 여행자 비자로 단기 방문 중인 외국인이더라도, 합법적으로 뉴질랜드에 머물고 있는 한 의료비가 무료다. 그때의 충격은 매우 컸다. '세상에 이런 나라도 있구나'라며 놀라움을 금치 못했다.

만약 대학 졸업할 때까지와 70세 이상의 국민에게 정부가 의료비를 보장해준다면 어떨까? 물론 전 국민에게 의료비 혜택을 제공하면 더 좋지만, 재원 부족 때문이라면 나이 제한을 고려해볼 만하다. 정부예산 중에 이보다 더 시급하고 절박한 항목이 있을까? 대학 졸업할 때까지와 70세 이상의 국민에게 의료비를 보장하는 예산항목이 예산 우선순위 결정에서 1위가 되어야 한다.

박근혜 대통령은 대통령 선거 후보 시절 무상의료를 반대하면서, 전 국민 무상의료비로 56조 원이 소요된다고 주장했다. 전 국민이 아니라 대학 졸업할 때까지와 70세 이상을 대상으로 한정하고, 일정 금액은 본인이 부담하고 나머지는 국가가 책임지는 형태의 의료비 보장은 훨씬 적은 금액으로 가능하다. 게다가 중산층과 서민에게만 적용하는 선별적 복지로 간다면, 예산은 그보다 더 적게 소요되며 현재의 정부예산으로도 당장 시행할 수 있다.

재정이 충분하다면 모든 영역에서 무상복지를 하면 좋겠지만 정부 부채가 어마어마한 대한민국 재정은 무상복지를 감당할 수 없다. 결국 재정이 허락하는 대로 저소득층부터 무상복지를 보장하는 방법이 현실적이다. 선별적 복지는 대상자를 선별하고 관리하는 행정비용이 많이 들기 때문에, 무상복지를 하되 부자에게 세금을 더 많이 부과하는 방법도 있다. 형식적으로는 무상복지지만 실질적으로는 선별적 복지다.

　뉴질랜드가 '요람에서 무덤까지'라는 복지정책을 시도할 때
는 우리보다 국민소득이 더 낮았을 때다. 한국은 이제 의료비를
보장할 정도는 돈을 버는 나라다. 정부예산은 기업과 각종 이익
집단에게 퍼주는 항목이 넘쳐난다. 대학에서 수십 년 동안 매학
기 정부예산과목을 강의하면서, 기업과 이익집단에는 돈을 퍼주
고 중산층과 서민에게는 한없이 인색한 정부예산이 얼마나 잘못
되었는지 실감하고 있다.

　IMF에 의하면, 상위 계층의 소득이 증가할수록 경제성장은
마이너스가 된다. 반대로 하위 계층의 소득이 증가하면 플러스
가 된다. 부자에게 돈이 흘러가는 것보다 중산층과 서민을 지원
하면, 상대적으로 경제는 5배 더 성장한다. 그러므로 정부예산
은 중산층과 서민에게 초점이 맞추어져야 한다.

　만약 자신의 능력과 노력만큼 대접을 받지 못한다면 정부
탓을 해야 한다. 우리가 받지 못한 몫을 되돌려줘야 할 주체는
정부다. 우리 몫을 제대로 갖지 못하는 것은 기회의 평등, 과정
의 민주주의가 훼손되어 있기 때문이기도 하다. 정의로운 사회
는 사회의 약자에게 빼앗긴 몫을 되찾아주는 사회다. 가장 가난
하고 약한 사람부터 시작해, 차근차근 빼앗긴 몫을 되찾아주면
서민으로 전락한 중산층이 다시 복원될 수 있다.

　스웨덴은 복지정책을 추진하면서 복지 관련 공무원을 증원
했는데, 공무원의 숫자가 증가하면 경제가 침체될 것이라는 우
려와는 달리 경제가 성장했다. 공무원의 숫자를 북유럽 수준으

복지국가 망국론에도 불구하고
북유럽의 복지선진국들은
경제발전, 최저 실업률, 치안,
국민행복도 등 모든 지수에서
세계 최고다. 그들이 부럽다면
그들만큼 공공부문에 투자하는
것이 글로벌 스탠다드(Global
Standard)에 부합하는 것이다.
공공부문에 재정을 투입하여
국민의 삶을 증진하기 위한
제도와 인프라를 구축해야 한다.

로 증원해도 대한민국 경제는 결코 망하지 않는다. 오히려 청년 일자리 증가로 소득이 증가하고 소비가 늘어나서 기업의 이익도 증가한다. 보육, 간병, 교육, 의료, 보건, 식품, 경찰, 소방, 사회복지, 철도노동자, 방역, 과학수사, 노동, 검역, 국방, 재외공관 업무 등의 영역에서 공무원의 숫자를 선진국 수준으로 강화하여 삶의 질을 높이고 양질의 일자리를 창출해야 한다.

복지국가 망국론에도 불구하고 북유럽의 복지선진국들은 경제발전, 최저 실업률, 치안, 국민행복도 등 모든 지수에서 세계 최고다. 그들이 부럽다면 그들만큼 공공부문에 투자하는 것이 글로벌 스탠다드(Global Standard)에 부합하는 것이다. 공공부문에 대한 투자는 단순히 공무원의 숫자를 선진국 수준으로 상향하는 것에 그쳐서는 안 된다. 이들 분야에 재정을 투입하여 국민의 삶을 증진하기 위한 제도와 인프라를 구축해야 한다.

『보행왕정론(寶行王正論)』에서 "국가가 병든 노인과 고아의 병과 고통에 은혜를 베풀어, 구제하여 이익되게 해야 한다."고 설한다. 노인과 고아를 특별히 지칭하는 것은 가장 힘든 처지에 놓인 두 집단이기 때문이다. 만약 대학 졸업할 때까지와 70세 이상의 의료비를 정부가 보장한다면, 『보행왕정론』의 내용과 유사한 정책이 되는 셈이다. 부처님 당시 2,600년 전에 제기되었던 정책을 우리 정부는 아직도 실행에 옮기지 못하고 있다.

『숫타니파타』에서는 "살아 있는 존재는 다 행복하라."고 했고, 『법구경』에서는 "살아 있는 모든 존재는 행복을 원한다."고

했다. 인간의 행복은 삶의 질에 밀접하게 관련되어 있다. 중생 구제의 대승불교 정신은 삶의 질을 높여 국민을 행복하게 만드는 것이다. 복지선진국은 우리보다 GDP가 훨씬 낮을 때 삶의 질을 높이기 위한 복지를 시작했으니, 우리는 지금도 많이 늦은 것이다.

인재중심국가로 가는
첫 걸음

IT 기술과 인공지능을 활용하면 대학 등록금을 획기적으로 줄일 수 있다. 대학 교육비를 줄여 교육받을 기회를 많이 제공하는 것은 유능한 인재를 양성해 인재중심국가로 가는 첫 걸음이다.

대학을 졸업하지 않으면 사람 대접을 받지 못하는 것이 대한민국의 현실이다. 누구나 대학을 가려고 하니 대학진학률만큼은 세계 1위다. 이 문제를 해결하기 위한 방법에는 크게 두 가지가 있다. 첫 번째, 대부분의 국민이 고졸로 만족하도록 여러 가지 인센티브를 제공하는 방법이다. 두 번째, 인위적으로 억압하지 않고 누구나 낮은 교육비로 대학을 졸업할 수 있게 해주는 방법이다. 첫 번째 방법은 한국의 현실에서 결코 성공할 수 없는 제도이므로, 두 번째 방법으로 갈 수밖에 없다. 이제 어떻게 대학 교육비를 획기적으로 낮출까를 고민해야 한다.

미국의 명문 공대인 조지아텍(Georgia Institute of Technology)에서 컴퓨터과학 온라인 석사과정을 개설했는데, 학비가 총 7,000달러 정도밖에 소요되지 않아 다른 경쟁 대학의 1/8 수준이다.

대학평가에 의하면 컴퓨터과학 분야에서 조지아텍은 순위 10위 안에 드는 학교다. 조지아텍의 사례를 적절하게 응용하면 온라인 학위과정은 1/8로, 일반 학위과정은 1/3, 1/5 수준으로 등록금을 줄일 수 있다.

온라인 강좌가 교수와 학생 사이의 대화나 교류에 제한이 있다는 우려도 기우에 지나지 않는다. 조지아텍의 컴퓨터과학 온라인 석사과정 책임자인 이스벨(Isbell) 교수는 "정규 석사과정의 학생들은 수업 이후에 찾아오는 경우가 매우 드물다. 오히려 온라인 강좌의 수강생과 더 많은 대화를 나눈다."고 말한다. 수줍음 많이 타는 한국 학생들은 온라인 대화와 토론을 더 선호할지 모른다.

나는 2016년 1학기부터 '행정학원론'의 동영상강좌를 직접 제작하여 유튜브에 올렸다. '예산과 재무관리'라는 과목도 동영상강좌를 준비하려고 한다. 전국의 행정학과에서 수많은 교수들이 비슷비슷한 행정학원론 혹은 행정학개론 과목을 강의하고 있는데, '몇 개의 강좌만 인터넷으로 올려놓고 각 대학에서 선택하게 하면 안 될까' 하는 생각을 해본다. 부족한 점은 각 대학에서 담당교수가 보완하면 되므로, 실험이 필요없는 인문학이나 사회과학 과목은 인터넷 강좌를 잘 활용하면 획기적으로 교육비 절감이 가능하다.

미국 명문대학도 철저하게 돈에 의해서 움직이므로, 돈이 안 되는 인문학에 비해 돈이 되는 공학계열은 인기도 좋고 재정

정부는 2013년 삼성전자에
법인세를 1조3,600억 원
감면해주면서 늘 예산이 없다고
한다. 삼성전자는 자랑스러운
세계 최고의 기업이니, 삼성전자
걱정 그만하고 우리 청년을
걱정하자. 반값 등록금은 약
6조 원의 재원이 소요되는데,
IT기술과 인공지능으로 교육비를
절감하면 1~2조 원에도 가능하다.
삼성전자에 법인세를 감면해주지
않으면 공짜 대학교육도
가능하다.

지원도 풍부하다. 인류는 언제나 먹고 살기 위해서 공부를 해왔다. 조선시대의 선비도 과거시험에 급제하기 위한 취업 준비로서 공부했지, 학문 그 자체를 추구한 경우는 예외적이었다.

지금 많은 대학 졸업생들이 취업을 못하고 아르바이트나 계약직으로 생계를 이어가고 있다. 100세 시대에 대학을 졸업하고 평생 이런 식으로 살아야 한다면 얼마나 비참할까? 대학은 사회가 필요로 하는 유능한 시민을 양성함으로써 생존의 문제를 해결해주어야 한다. 순수 학문의 발전은 소수의 대학이나 꿈꿔야 할 일이다.

기술을 잘 이용하면 인문학과 사회과학만이 아니라 이공계도 과감한 원가절감이 가능하다. 조지아텍에서 제공하는 컴퓨터과학 석사과정이 대표적 사례다. 학부 수준에서는 IT기술을 이용하면 훨씬 더 쉽게 교육비를 절감할 수 있다. 실험이 필요한 일부 과목은 온라인과 병행하면 된다. 현재 인공지능으로 주관식 문제의 채점도 가능한 단계에 도달했다. 인공지능이 만약 대학교육에 도입된다면 인문·사회 계열은 훨씬 더 교육비를 절감할 수 있다. 조지아텍에서는 인공지능이 한 학기 내내 조교 역할을 훌륭하게 수행했지만, 학생들은 자신의 조교가 인공지능인 것을 전혀 눈치 채지 못했다고 한다. 앞으로 토론도 주관할 수 있는 인공지능이 나오면 학생 수가 많아 토론이 불가능했던 대형 강의도 토론수업이 가능하다.

교육부는 대학 교육비를 줄이기 위해서 IT기술과 인공지능을 활용하는 방안을 집중 연구해야 한다. 정부는 2013년 삼성전자에 법인세를 1조3,600억 원 감면해주면서 늘 예산이 없다고 한다. 삼성전자는 자랑스러운 세계 최고의 기업이니, 삼성전자 걱정 그만하고 우리 청년을 걱정하자. 반값 등록금은 약 6조 원의 재원이 소요되는데, IT기술과 인공지능으로 교육비를 절감하면 1~2조 원에도 가능하다. 삼성전자에 법인세를 감면해주지 않으면 공짜 대학교육도 가능하다.

『별역잡아함경』에서는 "처음에는 먼저 기술을 배워라. 그 다음으로는 재물을 구하라."고 말한다. 부처님이 교육훈련과 기술을 강조하는 것은 인재중심국가와 맥을 같이 한다. 『보행왕정론』에는 "국가에 학교를 세워 선생을 고용하고 학사를 공양해야 하며, 나라의 토대가 되는 업을 굳건히 세우면 그대의 행은 오랫동안 지혜로울 것입니다."라고 했다. 당시 인도에서 교육은 상위계층을 위한 특수교육이었지만 경전은 대중을 위한 교육을 주장하고 있다. 대학 교육비를 줄여 교육받을 기회를 많이 제공하는 것은 유능한 인재를 양성해 인재중심국가로 가는 첫 걸음이다.

싱가포르 국민은 85%가
공공임대주택에 산다

주거가 안정되지 못하면 서민의 삶은 뿌리째 흔들린다. 천정부지로 오르는 전셋값에 저소득층의 시름은 깊어만 간다. 우선 정부의 강력한 의지로 공공임대주택 공급이라도 파격적으로 확대해야 한다.

나는 미국에서 공부할 때 기숙사 생활이 지겨워 아파트로의 탈출을 꿈꾸고 있었다. 마침 아파트에 살고 있는 유학생과 같이 살 기회가 생겼다. 무엇보다도 저렴한 월세 때문에 마음이 동했는데, 문제가 생겼다. 그 아파트는 공공아파트여서 저소득층에게는 낮은 월세를 받지만 저소득층이 아니면 비싼 월세를 받았다. 친구는 유학생이어서 입주 자격이 없었는데 소득만 점검했던 아파트 관리사무소가 나중에야 유학생은 자격이 없다는 것을 알아차렸다. 급기야 관리사무소는 계약을 갱신할 때마다 유학생들에게 비싼 월세를 내라고 요구했다. 그럴 바엔 학교 근처 아파트로 이사가는 게 좋겠다고 생각하여 친구와 나는 학교 근처 아파트로 옮겼다. 그때 처음으로 저소득층에게 낮은 월세를 받는 공공임대주택이 뭔지 체험을 했다.

싱가포르는 한국의 LH주택공사에 해당하는 HDB의 성공으로 국민의 85%가 공공주택에서 살고 있다. 주택가격 거품을 키운다는 비판을 받고 있는 LH주택공사에 비해 괄목할 만한 차이가 나는 성과다. 한국은 공공임대주택의 비율이 10% 정도밖에 안 되며, 진정한 공공임대주택이라고 볼 수 있는 장기공공임대주택은 6%에 불과하다. 우리나라가 공공임대주택을 그렇게 오랫동안 외면한 것은 공공임대주택을 공급하면 토목건설회사의 이익이 하락하는 데다 공공임대주택에 관련된 가치사슬이 형성되지 않았던 탓도 있을 것이다.

싱가포르는 리콴유 수상이 집권하기 전에는 가난하기도 했지만, 도덕과 규율이 형편없던 나라였다. 엘리베이터 안에 '소변금지'라는 경고문이 붙어 있었던 시절도 있었다 한다. 리더를 잘 만나면 얼마나 발전할 수 있는지 보여주는 대표적인 사례가 바로 싱가포르다. 싱가포르는 한국, 대만, 홍콩과 더불어 아시아의 4룡이라고 불렸는데 이제는 한국이 따라가기 힘들만큼 선진국으로 성장했다.

싱가포르는 대부분의 토지가 국가 소유이기 때문에 공공주택 보급에 유리하지만 우리나라는 토지가격이 높기 때문에 어렵다고도 한다. 그러나 엄밀히 따지면 이 말은 억지 논리다. 우리나라의 임대주택이 꼭 국유지에 건설되어야 하는 것은 아니다. 토지의 국가 소유 여부는 따질 필요가 없다. 지금이라도 공공임대주택을 최대한 저렴한 원가에 건설하면 되는데, 그럴 의지가

주거가 안정되지 못하면
서민의 삶은 뿌리째 흔들린다.
옥탑방과 지하에서도
내쫓기는 국민을 외면하고
다른 곳에 예산을 먼저
사용한다면, 중생구제의 불교
정신은 옥탑방 위의 하늘과
지하 밑의 땅속으로 사라지는
것이다.

없기 때문에 쓸데없는 곳에 예산을 잔뜩 퍼주는 것이다.

주거가 안정되지 못하면 서민의 삶은 뿌리째 흔들린다. 천정부지로 오르는 전셋값과 월세 증가로 인해 저소득층의 시름은 깊어만 간다. 청년들은 결혼과 출산을 포기하기에 이른다. 저소득층과 젊은 부부들에게 공공임대주택 입주 정도는 보장해줄 수 있어야 하며, 공공임대주택 공급이 국토해양부의 최우선 정책과제가 되어야 한다. 우리는 공무원을 비난하지만 대한민국 공무원은 문제해결 역량이 뛰어나기 때문에 공공임대주택이 최우선 정책과제라는 책임감을 느끼면 반드시 해결책을 만들어낸다.

기업형 임대사업자만 배불린다는 뉴스테이(New Stay, 기업형 주택임대 사업) 사업에 많은 예산이 할당되어 있지만, 공공임대주택의 예산은 대한민국 정부 규모를 놓고 볼 때 너무나 미미하다. 뉴스테이는 기업형 임대사업자의 이익을 보장하기 위한 방향으로 정책이 설정되어 있기에, 정부가 지원하고 장려해야 할 정책이 아니다.

징부의 모든 부처는 해결하기 어려운 정책에는 매달리지 않고 뉴스테이 정책처럼 기업에게 돈을 나눠주는 일을 더 좋아한다. 최근 뉴스테이 예산을 대폭 확대했는데, 예산이 없어서 공공임대주택을 건설 못한다는 말은 어불성설이다. LH주택공사가 2016년 상반기 6개월 동안 벌어들인 토지개발수익은 10조 원 가까이 된다. LH주택공사에 땅장사, 집장사를 한다는 비난이 끊임없이 제기되고 있는데, 실상을 들여다보면 그럴 만도 하다.

토지를 개발하여 공공임대주택을 지어야 함에도 불구하고 민간건설회사에 매각하면, 민간건설회사는 막대한 개발이익을 또 취한다. 제일 기가 막힌 것은 토지를 수용할 때는 공공성을 이유로 싸게 수용하면서, 수용한 뒤에는 수지타산이 맞지 않는다며 일부 택지를 매각해 민간건설회사가 개발 이익을 얻도록 만드는 것이다. 세금을 부과할 때는 공시지가를 기준으로 계산하지만, 토지를 수용할 때는 공시지가 이하로 계산하는 일도 허다하게 일어난다. 국가가 공공임대주택을 목적으로 토지를 싸게 수용한다면, 적어도 싱가포르의 HDB 정도는 아닐지라도 공공임대주택의 공급에 지금보다 더 적극적으로 나서야 한다.

우리가 목격하는 시장자본주의는 자기조절능력이 작동하지 않기 때문에, 정부가 끊임없이 통제하고 규제할 필요가 있다. 교과서대로라면 경쟁에 의해 건축비가 최소화되어야 하는데, 암묵적 담합에 의해 형성된 거품은 절대 제거되지 않는다. 불교경전을 보면 상인들이 사회적 실력자로 등장하며 독과점이나 매점매석으로 떼돈을 버는 일이 기록되어 있다. 당시의 상인들은 오늘날 대한민국을 장악한 재벌처럼 강력한 집단이었으나, 결코 정치권력을 능가하는 세력은 아니었다. 대한민국은 다른 선진국에 비해서 경제에서 토목건축 분야가 차지하는 비중이 비정상적으로 높은 나라다. 정부가 경기부양 정책을 펼칠 때마다 토건사

업에만 집중적으로 투자했기 때문이다. 좋든 싫든 이왕 토건국
가가 된 마당에, 이제 전 세계에서 가장 싼 값에 좋은 주택을 짓
는 기술을 정부가 직접 개발하거나 민간이 개발할 수 있도록 해
야 한다. 또한 정부가 적극적으로 개입하여 건축비 거품을 제거
할 필요가 있다.

불교경전에는 가난하고 병든 사람에게 주거할 곳을 마련해
주어야 한다고 수없이 강조하고 있다. 옥탑방과 지하에서도 내
쫓기는 국민을 외면하고 다른 곳에 예산을 먼저 사용한다면, 중
생구제의 불교 정신은 옥탑방 위의 하늘과 지하 밑의 땅속으로
사라지는 것이다.

『보행왕정론』은 군주의 의무로서 "물가를 안정되게 조절해
야 합니다."라고 했다. 당시에도 독과점이나 상인의 사재기 등으
로 물가불안정 요소가 있었기에, 정부가 국민을 위해 생존기본
권에 영향을 미치는 물품의 가격을 안정시켜야만 했다. 주택건
축 가격에 거품이 끼어 있다면, 오늘날 군주국가도 아닌 민주국
가에서 정부는 당연히 거품을 제거할 의무를 갖는다.

유연성과 다양성이
미래를 창조한다

유연성과 다양성을 보장하는 제도가 미래의 성장동력을 구축한다. 온갖 다양한 제도를 실험하면서 끊임없이 수정해 나가는 개혁지향적 태도가 지금 우리 시대에 필요한 정치와 행정이다.

전국에서 매년 120명을 선발하는 서울과학고는 단연 최고 수준의 대한민국 1등 과학고다. 서울과학고가 영재학교로 지정되기 이전에는 3년 과정을 2년 만에 마치고 조기졸업을 하는 것이 보편적이었고, 3년 만에 졸업하는 것은 예외적이었다. 그러나 영재학교로 전환된 서울과학고는 조기졸업이 어렵게 되었다.

일본의 최고 부자인 소프트뱅크의 손정의 회장은 고등학교 때 미국을 방문했다가, 자유로움에 매료되어 미국에 주저앉았다. 그리고 고등학교에 들어가서 특별 시험을 보고 2년을 건너뛰어 조기졸업을 한다. 영재학교가 아닌데도 조기졸업을 할 수 있는 미국 일반 고등학교와 조기졸업이 법으로 허용되어 있는 영재학교에서도 조기졸업을 막는 대한민국은 매우 대조적이다.

인공지능과 로봇의 시대에는 컴퓨터가 학습을 한다는 현실을 받아들이고 교과과정을 획기적으로 개편해야 한다. 미국과 유럽에서 교과과정을 개편할 때까지 기다릴 필요 없이 우리가 선도적으로 변해야 한다. 대한민국은 자원도 부족하고 땅도 좁아 인재중심국가로 나가지 않으면, 인공지능과 로봇의 시대에는 순식간에 뒤떨어질 수밖에 없다.

지금 초·중·고에서 가르치고 있는 교과과목을 보면 한숨이 나온다. IBM의 인공지능 왓슨은 수많은 의학학술지의 논문, 임상실험결과 등을 모두 학습한다. 단순히 지식을 많이 집어넣는 교육은 인공지능의 시대에는 소용이 없다. 한국의 교과과정은 미국의 공립학교 교과과정을 모델로 삼고 있다. 미국의 공립학교는 평범한 직장에서 일하는 기능인 양성이 목표라는 비판을 받아왔다. 게다가 한국에서는 아직도 시대에 뒤떨어진 문과·이과 구분이 남아 있다. 조기졸업을 막는 경직된 제도, 문과·이과 제도 같은 칸막이 제도는 로봇과 인공지능의 시대에는 장애물에 불과하다.

나는 대한민국이 아직도 초등학교 6년, 중학교 3년, 고등학교 3년이라는 획일적 제도에 함몰되어 있는 것이 안타깝다. 제주특별자치도는 대한민국 내에서 새로운 제도를 실험할 수 있도록 허용된 자치실험실이니 새로운 학제를 실험해보면 어떨까? 예를 들어 대학 입학 시기를 2년 앞당겨도 아무 문제가 없다는 것이 증명될 것이다. 교육부는 1조5천억 원씩이나 퍼붓는 대학재정지원사업 같은 편한 사업은 이제 그만 중단하고, 어렵더라

‘대한민국 가치사슬’의 동력은
신성장산업과 벤처산업이 시장과
일자리를 창출하는 작동원리다.
지금과 같은 교육체제 하에서는
신성장산업과 벤처산업이 필요로
하는 인재를 양성할 수 없다.
학교에서 적응하지 못한 괴짜도
살아날 길이 있는 제도, 흙수저와
무수저도 패자부활전이 가능한
제도가 4차 산업혁명 시대의
우리에게 절실한 제도다.

도 인공지능과 로봇의 시대를 맞아 새로운 교육의 틀을 만들어야 한다.

'대한민국 가치사슬'의 동력은 신성장산업과 벤처산업이 시장과 일자리를 창출하는 작동원리다. 지금과 같은 교육체제 하에서는 신성장산업과 벤처산업이 필요로 하는 인재를 양성할 수 없다. 학교에서 적응하지 못한 괴짜도 살아날 길이 있는 제도, 흙수저와 무수저도 패자부활전이 가능한 제도가 4차 산업혁명 시대의 우리에게 절실한 제도다.

집착, 흑백논리, 극단을 배격하고 유연성과 다양성을 강조하는 사상이 불교의 핵심교리다. 법에 허용된 조기졸업마저 금지하는 경직성은 또 하나의 극단이다. 모든 것이 변한다는 부처님의 말씀에 맞추어, 온갖 다양한 제도를 실험하면서 끊임없이 수정해 나가는 개혁지향적 태도가 지금 우리 시대에 필요한 정치와 행정이다.

복지 재원을 마련하는
세 가지 방법

복지 재원을 마련하기 위해 무조건 세금 인상만 추진하면 거센 후폭풍을 맞을 수 있다. 국민 정서를 수용하면서 다각도로 현명한 방법을 찾으면 충분히 재원 마련을 할 수 있다.

캐나다에서 160석이 넘는 압도적인 의석수로 집권한 보수당은 세금 인상을 추진하다가, 다음 선거에서 단 2석만 얻고 참패했다. 여론조사에 의하면 대한민국 국민은 부자에게 세금을 더 부과해서 빈부격차를 줄이는 데 압도적으로 찬성하지만, 세금에 대한 여론조사 결과는 신중하게 해석해야 한다. 신제품이 나오면 반드시 사겠다고 하고서는 막상 출시되면 외면하는 소비자의 변심 때문에 낭패를 본 기업이 많다. 압도적 지지라는 여론조사를 믿고 부자의 세금을 두 배 인상했다가 정권을 잃을 수도 있다.

세금이 100조 원 인상되더라도 기존 정부예산에서 추가로 100조 원을 따로 떼어서 총 200조 원의 재원을 마련한다면, 국민의 조세 저항은 훨씬 누그러질 것이다. 미납세금의 징수에 노력하면 세율 인상과 동일한 효과를 거둔다. 이재명 성남시장은

전임 시장으로부터 파탄에 이른 재정을 물려받았지만, 재정건
전화에 노력하여 여유 재원 1천억 원을 마련할 수 있었다고 한
다. 미납세금은 징수한 세금의 10%에서 20%에 이른다고 한다.
OCI와 DCRE의 기업 물적분할로 5,500억 원의 세금이 부과되
었는데, 현재 소송이 진행 중에 있다. 세율을 인상하거나 세금을
신설하지 않아도, 기업 물적분할에 대한 법조항이 보다 명료하
거나 정부가 사후확인에 철저했다면 소송은 없었을 것이다. 이
러한 기업 물적분할이 수십 건이기 때문에 엄청난 액수의 세금
이 추가로 확보될 수 있다.

세계적인 과학학술지 〈네이처〉에 대한민국 정부 예산을 비
판하는 글이 실렸다. 한국은 GDP 대비 R&D (연구개발) 예산이
세계 1위이지만 퍼붓는 돈에 비해 논문수가 절대 부족하다고 지
적했다. 이에 대해 한국의 과학자들은 팔짝뛰며 분노했다. 왜냐
하면 R&D 예산이 과학자들에게 들어가는 돈은 조금밖에 안 되
고, 대부분 대기업에 퍼부어지기 때문이다. 기업에 퍼부어지는
비율이 총 R&D 예산의 3/4이고 기초과학에 투입되는 돈은 거
우 1/4 정도에 불과하나. 대기업에 퍼주는 R&D 예산은 사실 신
제품 개발을 위한 돈이지, 과학기술의 발전을 위한 돈이라고 보
기엔 애매한 점이 많다.

정부예산이 제대로 쓰여지고 있는지 분석하기 위해 우리는
두 개의 눈을 가진 현미경이 필요하다. 하나의 눈으로는 가능한
많은 국민에게 혜택이 가는 사업인지, 오직 소수의 국민에게만

혜택이 가는 사업인지 판단해야 한다. 또 하나의 눈으로는 인프라와 생태계를 조성하는 사업인지, 소수의 기업만이 선별적으로 혜택을 받는 사업인지 판단해야 한다. 정부의 예산을 하나하나 들여다보면 거대한 먹이사슬이 뒷전에 감춰져 있다. 예를 들면 수자원 공사는 4대강 사업을 수행하느라 막대한 부채를 부담했는데, 전 세계에서 우리나라처럼 공기업이 정부정책을 대대적으로 수행하는 나라가 없다.

복지정책의 재원 마련에는 세 가지 방법이 있다. 첫째 기존 정부예산에서 확보하는 방법이고, 둘째 세금에서 확보하는 방법이며, 셋째 기업과 부자의 자발적인 제공이다. 소득세, 양도세, 소비세, 배당세 등 각종 세금을 통해 지나치게 많은 재산이 축적되지 않도록 규제해야지, 이미 축적된 재산에 대해 부유세를 부과하는 것은 예상하지 못한 문제를 초래할 수 있다. 부자들이 기존에 축적한 재산은 노블레스 오블리주 정신에 의해 스스로 국민에게 환원하도록 윤리, 규범, 관행을 통해 사회의 분위기를 만들어가는 것이 제일 좋다. 부자가 지나치게 많이 축적한 재산을 자발적으로 국민에게 환원하지 않으면, 부유세가 아닌 다른 방법을 강구해야 한다.

어떤 부자가 100억 원의 기부금으로 국민을 위한 사회공헌 사업을 한다면, 국민의 의견이 아닌 부자에 의해 사업이 결정되는 문제가 있다. 그 부자가 100억 원을 정부에 세금이나 기부금 형식으로 내놓는다면, 정부가 국민의 의견을 물어 정책을 결정

복지정책의 재원 마련에는
세 가지 방법이 있다.
첫째 기존 정부예산에서 확보하는
방법이고, 둘째 세금에서 확보하는
방법이며, 셋째 기업과 부자의
자발적인 제공이다.
소득세, 양도세, 소비세, 배당세 등
각종 세금을 통해 지나치게 많은
재산이 축적되지 않도록 규제해야지,
이미 축적된 재산에 대해 부유세를
부과하는 것은 예상하지 못한 문제를
초래할 수 있다.

할 수 있어 더 민주적이다. 정부가 비효율적이거나 독재적이면, 부자가 사회공헌사업을 직접 하는 것이 바람직하다. 직접 사회공헌사업을 할 경우, 경직된 정부 관료제가 미처 생각하지 못하는 참신한 사업을 고안해낼 수도 있고 민간부문의 역동성을 이용하여 효율적으로 사업을 집행할 수도 있다.

기업이 기부하는 것보다 부자가 기부하는 것이 더 바람직하다. 기업은 이익을 많이 내고 이익에 부과되는 세금을 성실하게 납부하는 것이 더 좋다. 기업이 성장하여 기업주가 더욱 부자가 되면 기업주의 개인자산에서 기부금을 내야 한다. 기업주가 기업의 돈을 마치 자기 돈인 것처럼 기부하고 자기의 개인 재산을 온전하게 지키는 것은 결코 노블레스 오블리주가 아니다. 우리는 기업과 기업주를 구분해야 한다.

부처님은 "가난으로 인한 고통이 가장 크다."고 설하셨으며, 간디도 "하루에 두 끼 먹기조차 힘든 사람에게 신은 오직 빵의 모습으로만 나타난다."고 말했다. 불교중도국가는 가난을 해결하여 국민을 고통으로부터 벗어나게 하는 정치를 한다. 불교의 이상적인 제왕상인 전륜성왕에게는 재정을 담당하는 훌륭한 거사보(현재의 재무장관)가 있으며, 거사보가 있어야 전륜성왕이 될 수 있다고 경전에서는 전한다. 또한 좋은 정부는 재정이 풍족한 정부라고 설한다. 국민의 고통을 해결하기 위해서는 돈이 필요하고, 만약 재원이 부족하다면 부자의 노블레스 오블리주가 필요하다.

중도층의 표심과
집단지능의 탄생

—

이념의 시대는 가고 이익의 시대가 오고 있다. 각 정당은 비슷한 복지정책을 내놓으며 서로 경쟁적으로 베끼기를 한다. 문제는 정책의 실천의지이며, 중도층과 집단지능의 역할과 판단이 중요하다.

대한민국에서 어떤 정책이 특정 정당의 전유물인 시대는 지나가기 시작했다. 어차피 감성과 정서에 의해 정당을 지지하는 유권자가 대부분이기 때문에, 고정 지지자들은 정당이 어떤 정책을 추진하건 대부분 맹목적으로 찬성한다. 아마 한동안 모든 선거에서 모든 정당이 복지를 공약으로 내걸 것이다. 그러므로 이제는 복지를 공약으로 내건다는 것만으로 정당의 이념을 평가할 수 있는 시대는 지났는지도 모른다. 이념의 시대가 가고 이익의 시대가 오는 것같아 한편 다행이라는 생각도 든다.

한 정당이 청년실업대책, 보육정책, 노인복지정책을 제시하면 다른 정당도 비슷한 대안을 제시한다. 2012년 대통령 선거 때도 새누리당과 민주당은 비슷비슷한 복지정책을 공약으로 내놓고 경쟁했다. 대한민국 정치는 그동안 반공과 지역이라는 두 변

모두 비슷한 정책을 내놓고
각 정당 지지자들이 콘크리트
지지층을 형성하고 있을 때,
중도층의 역할이 큰 중요성을
갖는다. 중도층은 감성과 정서에
영향 받지 않고 이익에 따라
투표하는 사람들이다. 모든
정당의 정책이 비슷하다면,
중도층이 '누가 더 실천을 잘할
수 있을 것인가'를 이성적으로
판단해야 한다.

수에 의해 좌우되었다. 그런데 막상 속을 들여다보면 반공과 지역 문제를 해결하려는 정책은 이슈화되지도 않고 반영되지도 않았다.

선거에서 한 정당이 참신한 정책을 제안하면, 반대 정당이 '이거 표 좀 모으겠는데…'라고 생각하며 짝퉁 공약을 제시할 가능성이 크다. 만약 모든 정당이 비슷한 정책 공약으로 유권자를 유혹한다면 어떻게 해야 할까? 사실 정당의 입장이 확연히 차이나는 영역이 없는 것은 아니다. 예를 들어 재벌에 대한 정책, 세금 정책 등은 정당 간에 차이가 나지만, 표를 잃을 수 있는 민감한 사항이기 때문에 첨예한 경쟁 구도는 만들어지지 않고 있다. 그러다보니 취약계층에게 제시하는 정책을 두고, 경쟁적으로 서로 베끼기를 한다.

만약 모든 정당이 비슷한 정책을 주장한다면, '누가 약속을 더 잘 지킬 것인가'를 예측하며 판단하는 수밖에 없다. 그러나 보수정당 지지자들은 보수정당이, 진보정당 지지자들은 진보정당이 약속을 더 잘 지킨다고 생각할 것이다. 따라서 정책 경쟁은 한국 정치에서 별다른 역할을 하지 못한다. 국민은 정책이 중요하다고 말하면서도, 막상 정책에는 별로 관심이 없고 감성과 정서를 자극하는 이미지나 스토리에 넘어간다. 모두 비슷한 정책을 내놓고 각 정당 지지자들이 콘크리트 지지층을 형성하고 있을 때, 중도층의 역할이 큰 중요성을 갖는다. 중도층은 감성과 정서에 영향 받지 않고 이익에 따라 투표하는 사람들이다. 모든 정당의 정책이 비슷하다면, 중도층이 '누가 더 실천을 잘할 수 있을 것인가'를 이성적으로 판단해야 한다.

『법구경』은 "아무리 훌륭한 말도 행이 따르지 않는다면, 빛깔만 곱고 향기 없는 예쁜 꽃이 열매를 맺지 못하는 것과 같다."고 설한다. 불교를 흔히 행(行)의 종교, 즉 실천의 종교라고 말한다. 부처님은 고통을 해결하기 위해서는 팔정도〔八正道: 정견(正見)·정사유(正思惟)·정어(正語)·정업(正業)·정명(正命)·정념(正念)·정정진(正精進)·정정(正定)〕가 필요하다고 설했다. 팔정도는 8가지 올바른 길로서 불교의 실천 윤리다. 모든 정당이 국민의 먹고 사는 문제를 해결하겠다고 비슷비슷한 정책을 주장하면, 감성과 정서라는 마음의 인위적인 조작에 영향을 받지 않고 있는 그대로 보고 실천의지를 판단해야 한다.

도저히 혼자서 판단할 수 없다면 집단지능(collective intelligence)의 도움을 받는 것도 한 방법이다. 오늘날은 인터넷을 통해서 대중의 지식정보 수준과 판단력이 놀라울 정도로 향상되었다. 아리스토텔레스는 이성보다 감성에 의해 판단하는 대중의 어리석음을 중우정치(衆愚政治)라고 비판했지만, 지금은 상황이 매우 다르다. 인터넷으로 연결되어 공동으로 지식을 수집하고 분석하며 바른 판단을 도출해낼 수 있을 때, 그 무엇보다 뛰어난 집단지능이 탄생하는 것이다.

4

국민이
행복한
나라

디지털 기기와 인간의 융합으로 이루어진 제4차 산업혁명은 지진해일처럼 우리를 덮쳐 모든 시스템을 바꿔놓을 것이다. 세상은 빠르고 다양하게 변화하는데 대한민국의 정치와 행정은 너무도 경직되어 있고 구태의연하다. 철저하게 힘이 지배하는 국제질서 속에서 대한민국의 운명 또한 순탄치 못하다. 북한과의 대치 상태에서, 중국과 일본 사이에 끼어 미국의 눈치까지 보며 줄타기 외교를 할 수밖에 없다.

혁명적 변화 시대에 발맞춰 대한민국의 미래 성장 전략을 모색하지 않으면, 그동안 우리가 힘겹게 이뤄온 눈부신 성장이 한순간에 무너질 수 있다. 모든 것이 변하는 제행무상의 세계에서 기존의 제도와 관행을 고정된 것으로 착각하고 집착해서는 안 된다. 끊임없이 변화하는 조건과 환경에 맞추어 대한민국의 정책 또한 끊임없이 수정되어야 한다. 대한민국의 목표는 부자나라가 아니라 국민이 행복한 나라다.

4차 산업혁명시대의
대한민국 생존 전략

4차 산업혁명은 우리의 모든 시스템을 바꿔놓을 것이다. 대한민국의 행복한 미래를 위해서는 칵테일 정책과 센서형 제도를 만들어 대한민국 맞춤형 시스템을 구축해야 한다.

디지털 기기와 인간의 융합으로 이루어진 제4차 산업혁명은 지진해일처럼 우리를 덮쳐 모든 시스템을 바꿔놓을 것이다. 4차 산업혁명은 피할 수 없는 현실이자 거부할 수 없는 미래다. 혁명적 변화 시대에 발맞춰 대한민국의 미래 성장 전략을 모색하지 않으면, 그동안 우리가 힘겹게 이뤄온 눈부신 성장이 한순간에 무너질 수 있다.

벨리사리우스는 비잔틴 세국의 멍장으로 백전백승의 전설적인 장군이다. 동로마 황제 유스티니아누스가 벨리사리우스를 견제하지 않았다면, 동로마제국은 서로마제국을 탈환했을 것이다. 벨리사리우스 군대는 이민족이 절반인 칵테일(혼합) 군대였으며, 기병이 보병 역할까지 하고 보병이 기병 역할까지 할 수 있는 다양성과 유연성이 특징이었다.

불교는 다양성과 유연성을 강조하는 종교다. 부처님이 농부에게 장사도 하고 목축도 하라고 권하는 것은 다양성을 추구하는 사례며, 부처님이 융통성 있게 교단을 운영하는 것은 유연성을 추구하는 사례다. 모든 것이 변하는 제행무상의 세계에서 기존의 제도와 관행을 고정된 것으로 착각하고 집착하는 것은 불교교리에 어긋나는 행위다. 끊임없이 변화하는 조건과 환경에 맞추어 끊임없이 국가를 개혁해야 불교중도국가다.

고객에게 잘못하면 퇴출당하는 기업과는 달리 공공부문은 퇴출이 불가능하기 때문에 주기적으로 개혁해야 한다. 세계적인 석학인 랭커스터 전 버클리대 교수는 불교를 대표하는 말로 "모든 것은 변한다(제행무상)"를 꼽았다. 모든 것이 변하는데 시장과 정부가 변하지 않는다면 그것만으로도 문제다. 기존 제도와 관습을 고정된 것으로 생각하고 집착하는 것은 잘못이며, 불변의 진리라는 것이 없기 때문에 끊임없이 개혁하여 해결책을 찾아야 한다.

정부의 정책은 실험실에서 검증해볼 수 없다. 그러므로 역사적 사례에서 유사한 정책이 있었는지 찾아보고, 다른 나라의 사례에서 유사한 정책이 성공했는지 확인해야 한다. 독일은 통일 경험, 복지 모델, 정치시스템의 우수성, 과학과 산업의 발전모델, 독일식 자본주의 등으로 인해 우리가 가장 참고해야 할 국가다.

후발주자 대한민국은 교육은 A나라, 국방은 B나라, 보육은 C나라 식의 칵테일 정책을 추구해야 한다. 또한 벨리사리우스의 군대처럼 다양성과 유연성을 가진 센서형 제도를 구축해야 한다. 센서가 장착된 기계가 외부 환경 변화에 즉각 대응할 수 있듯이, 센서형 제도도 국민의 요구와 환경의 변화를 즉각 수용할 수 있다. 이러한 칵테일 정책과 센서형 제도를 양대 축으로 대한민국의 특징과 환경에 부합하는 맞춤형 시스템을 설계해야 한다.

문화산업이야말로 새로운 시장과 일자리를 창출할 수 있는 신성장산업이며 대한민국의 특성에 비추어 맞춤형 시스템이 필요한 영역이다. 문화민족이라는 강점은 한민족의 특징이다. 고구려인의 화려한 공연은 중국에서 큰 인기를 끌었으며 고조선의 갑옷도 중국보다 앞선 고대의 한류상품이었다. 한류열풍은 삼국시대에도 있었는데 일본에서는 신라의 입호무(入壺舞) 등 공연예술이 인기를 얻었다고 한다.

제주도에 외교와 국방을 제외하고 스위스 연방국가 같은 자율권을 주자는 취지로, 노무현 정부 때 정부혁신지방분권위원회의 설계에 의해 제주특별자치도가 출범했다. 제주특별자치도가 출범하자마자 제일 먼저 외국인 무비자 입국을 시행했는데, 중국인 관광객이 물밀듯이 밀려왔다. 각종 부작용도 있었지만 제주의 성장에 결정적으로 기여했다. 자녀교육 때문에 지방근무를 기피하던 사람들은 제주 외국인학교 때문에 생각을 바꿀 수 있게 되었다. 스위스형 분권국가야말로 다양성과 유연성에 기반하

교육은 A나라, 국방은 B나라,
보육은 C나라 식의 칵테일 정책을
추구해야 한다. 또한 다양성과
유연성을 가진 센서형 제도를
구축해야 한다. 센서가 장착된
기계가 외부 환경 변화에 즉각
대응할 수 있듯이, 센서형 제도도
국민의 요구와 환경의 변화를
즉각 수용할 수 있다. 이러한
칵테일 정책과 센서형 제도를
양대 축으로 대한민국의 특징과
환경에 부합하는 맞춤형 시스템을
설계해야 한다.

여 변화에 즉각 반응할 수 있는 센서형 국가다.

『숫타니파타』에서 "살아 있는 존재는 다 행복하라."고 했다. 인간은 행복을 추구하는 존재이므로, 정부의 목표는 GDP만이 아니라 국민의 행복에도 맞춰져야 한다. 대한민국을 총체적으로 개혁하여 나쁜 업을 지으면 나쁜 결과를 낳을 확률이 높고, 좋은 업을 지으면 좋은 결과를 낳을 확률이 높은 세상으로 만들어야 한다. 매년 GDP가 얼마인가만 발표하지 말고 유엔의 국민행복 지수가 얼마나 상승했는지 발표해야 한다. 대한민국이 행복하기 위해서는 역사적 사례에서 교훈을 찾고 다른 나라에서 모범 사례를 찾아, 칵테일 정책과 센서형 제도를 만들어 대한민국 맞춤형 시스템을 구축해야 한다. 대한민국의 목표는 부자나라가 아니라 국민이 행복한 나라이고 문화를 꽃 피우는 나라다.

공정한 경쟁 환경이
선순환을 극대화시킨다

무소불위의 권력을 가진 대한민국 재벌은 모든 분야에서 다양성과 유연성을 말살하고 독식한다. 공정한 경쟁 환경이 실현될 때, 독점과 부패를 막고 경제의 선순환 구조를 완성한다.

독재자는 다양한 사회를 통제하기 쉽지 않기 때문에 하나만을 허용하고 획일화된 제도를 좋아한다. 어떤 제도와 영역이든지 잘못된 점이 없다고 해도, 다양하고 유연하지 않다면 그것만으로 잘못된 것이다. 불확실성의 시대에는 다양하고 유연한 제도와 영역만이 상황 변화에 잘 대처하고 문제를 해결할 수 있다. 무엇보다도 하나만 허용된 제도와 영역은 독점, 비효율, 부패로 이어질 가능성이 크다.

대기업과 대형마트가 뒷골목에서 소상공인과 자영업자를 몰아내는 현상은 우리 모두가 걱정해야 할 일이다. 유통 다양성을 역행하는 대형마트의 확장은 국가경제에도 해를 끼치지만, 소비자에게도 결코 이익이 되지 않는다. 단기적으로는 대형마트가 저렴하다는 착각을 불러일으키지만, 독과점 기업은 반드시 더 높은 가격을 제시하게 되어 있다. 우리는 지난 100년이 넘는 시장자본주의의 경험을 통해, 인간의 본성과 기업의 이익 추구 성향이 어떠한지 잘 알고 있다.

시장자본주의의 멘토인 애덤 스미스는 대상공인의 특권을 철폐하고, 새로운 중소상공인들이 이들과 자유롭게 경쟁할 수 있도록 공정한 경쟁 환경을 조성해야 한다고 역설했다. 노량진 수산시장은 수많은 가게들이 입주하여 경쟁을 하고 있다. 대형마트가 더 좋다고 주장하는 것은 노량진수산시장을 재벌에게 넘겨 운영하게 해야 한다는 주장과 동일하다. 대형마트를 재벌의 손에서 넘겨받아 노량진수산시장처럼 운영해도 아무 문제가 없다. 소비자에게는 장기적으로 이익이다. 입주한 상인들도 대형마트의 직원으로 일하는 것보다 더 높은 소득을 올릴 수 있으니, 모두가 윈윈이다. 게다가 대형마트는 이익을 쌓아두고 사용하지 않을지 모르지만, 입주한 상인들은 벌어들인 돈을 지출하여 내수가 살아날 것이다.

미국 대선에서 무소속의 버니 샌더스 상원의원이 민주당 경선에 뛰어들어, 비록 패하기는 했지만 힐러리의 바로 턱 밑까지 쫓아왔었다. 샌더스는 벌링턴 시의 시장을 4번 역임하는 동안 대기업을 들어오지 못하게 하고 지역 경제를 살렸다. 재래시장에는 수많은 소상공인들이 경쟁하고 있어 저렴한 가격에 구입할 수 있지만, 만약 재벌에게 넘긴다면 가격은 더 비싸질 것이다. 대기업에게 넘어간 유통업은 처음에는 싼 값과 편리함으로

재벌은 대한민국 경제규모에
비해 비정상적으로 크기 때문에,
모든 분야에서 다양성과
유연성을 말살하고 독식한다.
대한민국은 시장경제가 아니며
몇 개의 재벌이 독과점으로 몽땅
먹어치우는 '나와바리 경제(영역
경제)'다. 많은 기업들이 망해가고
흥해가는 것을 끊임없이 지켜볼
수 있는 다양성이 있어야
시장자본주의라고 할 수 있다.

소비자를 만족시키지만, 나중에는 독과점으로 인하여 반드시 비싼 가격으로 소비자를 맞이하게 되어 있다. 당장 달콤하다고 삼키면 결국 독으로 돌아온다.

재벌은 대한민국 경제규모에 비해 비정상적으로 크기 때문에, 모든 분야에서 다양성과 유연성을 말살하고 독식한다. 재벌 소속 기업은 누구도 이길 수 없는 기업이다. 대한민국은 시장경제가 아니며 몇 개의 재벌이 독과점으로 몽땅 먹어치우는 '나와바리 경제(영역 경제)'다. 마치 호랑이와 사자, 집단으로 생활하는 동물들이 자신의 영역을 정해 놓고 모든 것을 독점하듯이, 재벌은 대한민국 시장을 나눠서 통치하고 있다. 많은 기업들이 망해가고 흥해가는 것을 끊임없이 지켜볼 수 있는 다양성이 있어야 시장자본주의라고 할 수 있다.

요즘 자영업자들은 거의 대부분 2년 안에 투자금을 날리고 가게 문을 닫는다고 한다. 재벌만이 독식하는 경제에서 대기업, 소상공인, 자영업자, 중소기업이 모두 뛰는 경제로 만들어야 한다. 대기업은 4차 산업혁명 시대를 맞아 전 세계를 상대로 모험과 혁신을 통해 성장해야 하고, 소상공인과 자영업은 현대화된 재래시장과 뒷골목에서 치열한 경쟁을 통해 공정한 시장경제를 실현해야 한다. 재벌을 개혁하면 별도의 중소기업 정책은 필요 없다. 어느 중소기업 사장은 "중소기업에 뭘 지원해주려고 할 필요 없어요. 대기업이 우리를 못살게 굴지만 않으면 돼요."라고 했다. 재벌의 영역이 사라지고 모든 영역에서 신성

장기업과 벤처기업이 혁신경쟁을 할 수 있는 경제로 만들어야
한다.

불교는 계급을 부정하고 여성출가를 허용한 개혁종교다. 한
국에서는 전통신앙과 결합하고 중국에서는 도교적 요소와 결합
하는 등 지역마다 토속종교와 결합하여 다양하고 유연하게 변화
해왔다. 이러한 다양성과 유연성은 불교의 가장 큰 특징이다. 모
든 것이 변한다는 제행무상의 세계에서 다양성과 유연성이야말
로 생존의 비결이라 할 수 있다. 다양성과 유연성이 담보된다면,
앞으로 다가올 4차 산업혁명의 시대를 걱정보다 기대감으로 맞
이할 수 있을 것이다.

대한민국 행정은
조화와 균형이 우선이다

대한민국 행정은 국민의 의견을 최대한 수용하여 합의를 이끌어내는 것이 무엇보다 중요하다. 그러므로 필요한 경우 공공부문 정책을 끊임없이 수정하며 최상의 해결책을 찾아야 한다.

사찰의 관리가 계율에 의해 이루어졌듯이 정부의 행정도 법치 행정이어야 한다. 치우치지 않고 억울한 사람이 없으며 합법적이고 정의로워야 한다. 비구에게 각자 해야 할 일이 부과되듯이, 정부의 모든 업무는 권한과 책임이 서로 균형을 이루어야 한다. 권한이 클수록 책임도 커야 하며, 권한이 부여되지 않으면 책임을 추궁해서는 안 된다.

보름마다(음력 15일과 30일) 비구들이 모여 지켜야 할 규정을 큰 소리로 읽고 규정을 어긴 비구가 고백하고 참회했는데, 이를 포살(布薩)이라고 불렀다. 여름에 비가 오는 석 달 동안 안거(安居)를 하고, 안거의 마지막 날에 안거 동안 저지른 잘못을 비구들 앞에서 고백하고 참회하는 행사를 자자(自恣)라고 불렀다. 포살과 자자는 비구의 행위를 되돌아보는 평가의 시간이며, 평가

결과 수정할 것이 있으면 반영하는 시간이기도 했다. 정부의 행정도 주기적으로 평가하고 책임을 규명하며 필요할 경우 정책을 수정해야 한다.

불교교단은 모두가 참여하는 집단의사결정에 의해 운영되었으며, 반드시 만장일치여야 했기에 반대되는 의견을 수용하여 타협해야 했다. 부처님 사후 만장일치의 전통을 지키지 않고 표결을 하게 되자, 패배한 비구들이 승복하지 않아 교단이 양분되는 근본 분열이 일어난다. 비록 오늘날 행정이 만장일치에 의해 이루어질 수는 없을지라도, 만장일치에 도달할 정도로 모든 사람의 의견을 최대한 수용하여 합의를 이루어내고 모두가 참여하는 집단의사결정이 절실하게 필요하다. 특히 대한민국은 갈등과 대립이 너무나 첨예하기에, 특단의 대책이 강구되지 않으면 나라가 분열될 정도의 상황이라 할 수 있다.

칵테일 정책, 센서형 제도, 맞춤형 시스템은 불교적 행정의 가장 중요한 특징이다. 다양하고 유연하여 적응력이 뛰어나며 조건과 환경에 부합하는 행정이 불교적 관점에서 바람직한 행정이다. 정부만으로는 공공부문의 모든 문제를 해결할 수 없기에, 시장·시민사회와 함께 협력적으로 해결해야 한다. 연기의 세상에서 정부·시장·시민사회는 독자적 실체가 없이 공하여 연기 화합하는 임시적 존재임을 깨닫고, 그때그때의 조건과 환경에 따라 최상의 해결책을 협력적으로 찾아야 한다. 모든 것이 변하는 연기의 세계에서 결과는 항상 수많은 요인이 조건·환경과 결

정부·시장·시민사회는
그때그때의 조건과 환경에 따라
최상의 해결책을 협력적으로
찾아야 한다. 모든 것이 변하는
연기의 세계에서 결과는 항상
수많은 요인이 조건·환경과
결합하여 발생한다. 따라서
공공부문을 끊임없이 개혁해야
하며, 오랫동안 변하지 않았다면
그 자체만으로 잘못이다.

합하여 발생한다. 따라서 공공부문을 끊임없이 개혁해야 하며, 오랫동안 변하지 않았다면 그 자체만으로 잘못이다.

법계 연기의 세계에서는 모든 구성원은 자체의 빛이 없지만, 다른 구성원의 빛을 받아 빛난다. 현재 자신의 역량을 마음껏 발휘하고 있다면, 다른 사람의 도움과 환경이 뒷받침해주고 있기 때문이다. 연기의 세계에서는 모든 구성원이 상호의존적이고 상의상관하기에 어디에도 치우치지 않는 중도적 균형과 조화가 절대적으로 필요하다.

모든 것이 변하는 제행무상의 세계에서는 중앙집권보다 지방에 권한이 위임되고, 자율적으로 운영되는 지방분권이 절실하다. 각 지방은 다른 지방의 빛을 받아 빛나기에, 어느 한 지방이 더 강한 힘을 갖지 않고 어느 한 지방도 소외되지 않는다. 평등하고 공존적인 중도적 균형과 조화가 불국정토의 모습이다.

신노예의 시대를
종식시키는 노동정책

현대는 노동자들이 노예처럼 살고 있다고 하여 신노예의 시대라고도 한다. 사용자와 노동자가 서로 힘의 균형을 유지하고 모두 평등하게 공존할 수 있는 노동정책이 절실하다.

경전에는 고용자와 노동자의 관계에 대한 직접적인 언급은 없지만 이와 유사한 주인과 하인의 관계에 대한 언급이 있다. 오늘날의 직장인을 신노예라고 한탄하는 세태에 비추어 본다면, 경전에서 설하는 주인과 하인의 관계는 역설적으로 오늘날의 노사관계에 적용될 수 있다. 『중아함경』과 『장아함경』에 의하면, 윗사람은 아랫사람의 능력에 따라 일을 시키되 음식, 휴식, 의료복지 등을 제공해야 함은 물론 사랑으로 대해야 한다. 아랫사람은 열심히 일하고 윗사람을 대하며 존경하고 사랑해야 한다.

노동자의 의무는 열심히 일해야 하는 것이므로, 게으르고 무능하면 어떻게 해야 할까? 노동자의 의무를 다하지 못한 것이니, 사용자는 이에 상응하는 조치를 취할 수 있어야 하고 해고까지 가능해야 한다. 불교의 핵심 철학은 유연성과 다양성이므로

불교의 핵심 철학은 유연성과
다양성이므로 해고까지 가능한
노동유연성이 허용되어야
한다. 다만 경전에 나타난
불교이상국가의 정신을 따르면,
해고된 사람의 생존기본권은
정부가 보장해주어야 한다.
노동유연성과 생존기본권의
보장은 불교중도국가의
지향점이며, 실제로 네덜란드와
덴마크에서 실현되고 있다.

해고까지 가능한 노동유연성이 허용되어야 한다. 다만 경전에 나타난 불교이상국가의 정신을 따르면, 해고된 사람의 생존기본 권은 정부가 보장해주어야 한다. 노동유연성과 생존기본권의 보 장은 불교중도국가의 지향점이며, 실제로 네덜란드와 덴마크에 서 실현되고 있다.

치우치지 않고 평등하며 억울한 사람이 없는 정법국가라면, 오늘날 대한민국에서 목격하는 엄청난 임금 격차를 좁혀야 한 다. 직장에서의 임금 격차가 노동정책으로 최소화되면, 중산층 과 서민의 소득이 증가하고 기업의 이익이 증가하는 선순환이 시작될 수 있다. 현재 최저임금제가 일자리를 축소시킨다는 의 견과 일자리에 전혀 영향을 미치지 않는다는 의견이 팽팽히 맞 서고 있다. 그러나 사회적 약자를 최우선으로 배려하는 정의사 회라면, 일자리에 미치는 영향을 따질 필요 없이 당연히 생존기 본권을 보장할 수 있는 최저임금제를 실시해야 한다. 만약 최저 임금제도에 의해 일자리가 줄어든다면, 일할 권리를 보장해주는 정책을 시행해 보완하는 방법을 마련해야 한다.

한국에서 대기업과 중소기업의 임금 격차는 다른 나라에 비 해 엄청나다. 한국의 대기업은 하청업체를 현미경으로 들여다보 며 최소의 이익만 보장하고, 단가 후려치기로 중소기업을 쥐어 짜고 있다. 만약 최저임금을 인상하면 대기업이 하청기업을 망 하게 할 수는 없기에 단가 후려치기가 완화될 수밖에 없다. 또한 세계시장에서 경쟁하려면 완제품의 가격을 인상할 수는 없기에 대기업의 임금이 줄어들게 된다. 결국 대기업과 하청기업인 중소기업의 임금 격차가 획기적으로 완화될 수밖에 없다.

기업 경영진의 천문학적인 연봉과 상여금도 항상 자본주의의 문제로 지적되어 왔다. 심지어 2008년 세계 금융위기로 정부의 재정지원을 받은 미국 기업들이 흥청망청 상여금 잔치를 벌이다가 호된 비판을 받았다. 경영진의 능력과 노력에 맞는 수준으로 경영진의 연봉과 상여금을 인하하거나, 일정 수준을 넘으면 세금을 통해 환수하는 정책이 필요하다. 기업의 이익이 두 배 증가되었을 때, 경영진의 능력과 노력이 두 배가 되어 이뤄진 것이 아니다. 노동자의 능력과 노력 등 수많은 요인이 결합되어 생긴 것이다. 어느 직장에서나 경영진과 최하위직 간의 임금 격차는 합리적이고 사회의 통념에 어긋나지 않아야 한다.

한국은 노조 결성률이 20%도 되지 않는다. 프랑스 같은 나라는 노조와 사용자가 합의한 노사 협상안이 모든 유사한 노동자에게 적용되므로, 노조 결성률이 낮아도 문제가 되지 않는다. 노조가 사회에 필요한 조직이라고 생각하여 허용한다면, 낮은 노조 결성률은 평등과 공존을 추구하는 불교의 중도적 균형에서 어긋난 것이다. 노조 결성률을 높이든지 노조 결성률이 낮더라도 노사 타협안이 모든 노동자에게 적용될 수 있도록 해야 한다. 사용자와 노동자가 서로 힘의 균형을 유지하고 모두 평등하게 공존할 수 있는 노동정책이 절실하다.

대한민국의 청정지역은
뉴욕보다 3배나 더
오염되어 있다

서울은 나쁜 공기질로 악명 높은 인도 뉴델리, 중국 베이징과 어깨를 나란히 할 정도로 대기오염이 심각하다. 정치인의 확고한 의지만 있으면 환경오염은 충분히 개선할 수 있다.

우리나라에서 미세먼지 농도(단위: $\mu g/m^3$)가 가장 낮은 지역은 뜻밖에도 제주도가 아닌 전라남도다. 그런데 가장 청정지역인 전남의 오염도는 미국 뉴욕의 3배에 달한다. 세계보건기구(WHO)는 미세먼지 기준치가 10이면 안전, 25를 넘으면 위험하다고 분류하지만 우리는 80이 넘어야 위험하다고 분류한다. 2014년 12월부터 1월까지 3개월 동안 우리나라 미세먼지 농도는 서울 58, 경기 65, 제주 52, 전남 40이며, 평균은 54이다. 뉴욕 13.9, 로스앤젤레스 17.9, 런던 16, 파리 15에 비하면 죽음의 농도다. 그런데도 정부는 80이 넘지 않았다고 보통으로 분류한다. 뉴욕에 가서 심호흡을 해보면, 생각보다 깨끗한 공기에 놀랄 것이다.

미세먼지 농도가 가장 낮은 전남의 대기오염 관측소는 주

로 공업지대에 설치했다고 한다. 혹시 공업지대가 아닌 곳에 두
게 되면 지나치게 낮은 수치가 나오게 되고, 결국 미세먼지가 산
업으로부터 유발된다는 것을 국민이 알아차릴까봐 그러는 것일
까? 전남이 최저치이기는 하지만 공업지대에서 측정한 탓에 다
른 지역과 크게 차이가 나지 않는다. 미세먼지 경보가 가장 많이
발령된 곳은 수도권이 아니라 화력발전소가 밀집되어 있는 충남
이다. 수도권 전원주택에서 사는 사람도 안심하지 못한다. 우리
가 숲속에서 마시는 먼지도 결국은 미세먼지로 오염된 먼지다.
그런데 피톤치드가 섞이다 보니 냄새에 취해서 미세먼지 농도가
낮다고 착각하는 것이다.

주변에 폐질환 사망자들이 급증하고 있다. 나의 아버님은
머리를 다치셨는데, 돌아가실 때 사망 원인은 폐질환이었다. 건
강하셨던 이모님도 갑자기 폐질환으로 돌아가셨다. 경기개발연
구원에 의하면, 미세먼지로 인한 수도권 연간 조기 사망자가 2
만 명이고 폐질환자는 80만 명이라고 한다. 요즘에는 한번 목감
기에 걸리면 쉽게 낫지 않고 몇 주 동안 기침에 시달리는 사람이
많아졌다. 암 사망 원인질환 1위 역시 폐암이다.

최근 기형아 출산이 급증한 이유로 미세먼지가 거론되었다.
이화여대 병원의 조사에 의하면 미세먼지 농도가 $10\mu g/m^3$ 상승
하면 기형아 출산 확률은 최대 16%, 저체중아 출산율과 조산·
사산율도 각각 7%와 8%씩 증가한다. 초미세먼지는 혈관에 침
투하기 때문에 더욱 무서우며 치매, 동맥경화증, 심지어 안구건

우리의 폐, 뇌, 심장이 미세먼지로
죽어가고 아이들이 기형아로
태어나고 있는데도 정부의
대처는 너무나 안일하다. 도쿄는
악명 높은 공기오염 도시였지만
지금은 매우 쾌적한 도시로
변모했다. 일본 공무원이 결코
한국 공무원보다 나아서가
아니라, 정치인이 미세먼지를
줄이기 위한 확고한 의지가
있었기 때문이다.

조증까지 유발한다. WHO는 미세먼지를 1급 발암물질로 경고하고 있다. 미세먼지로 인해 뇌세포가 죽어 치매의 원인이 되기도 한다. 초미세먼지로 인한 조기 사망자 수가 교통사고 사망자 수의 5배라는 주장도 있으니, 보이지 않는 가장 무서운 살인자가 아닐 수 없다. 얼마 전 영국 영화를 보다가 깜짝 놀랐다. 영화에서 한 학생이 "졸업하면 한국에 가서 일하겠다"고 하자, 다른 학생이 "미세먼지 때문에 한국에 가면 안 된다"고 말하는 장면이 나와 무척 당황했다.

중국과 가까운 서해 5도보다 수도권의 미세먼지 농도가 더 높아, 중국의 탓만은 아니라고 한다. 미세먼지가 가장 낮은 곳은 제주와 전남인데, 부산과 경남이 전남보다 미세먼지 농도가 훨씬 높은 것을 봐도 중국만 탓할 일은 아니다. 한·중·일 공동연구 결과에 의하면, 황사가 아닌 미세먼지는 이제 중국 탓을 그만해야 한다.

한국과학기술정보연구원(KISTI)에 의하면 국내 요인에 의해 발생한 미세먼지가 50~70%라고 한다. 예일대와 컬럼비아대가 공동으로 발표한 '환경성과지수(EPI) 2016'에 따르면 우리나라는 공기질 부문에서 전체 조사대상 180개국 중 173위를 차지했다. 세계 주요 도시의 대기오염 실태를 모니터하는 '에어비주얼(Air Visual)'에 의하면, 서울은 최근 중국 베이징을 제치고 인도 뉴델리에 이어 나쁜 공기질 2위를 기록했다. 인천은 8위에 올랐다.

중국의 전승절 열병식 행사를 위해서, 북경의 모든 공장의 가동을 중단하고 심지어 한국꼬치구이집도 영업을 중단하게 했다고 한다. 그랬더니 엉뚱하게도 공기가 매우 맑아졌다고 한다. 미세먼지는 정부가 규제하면 대폭 줄일 수 있다는 결정적인 증거다. 대한민국에서 미세먼지는 이제 생명을 위협하는 문제가 되었다.

우리의 폐, 뇌, 심장이 미세먼지로 죽어가고 아이들이 기형아로 태어나고 있는데도 정부의 대처는 너무나 안일하다. 도쿄는 악명 높은 공기오염 도시였지만 지금은 매우 쾌적한 도시로 변모했다. 일본 공무원이 결코 한국 공무원보다 나아서가 아니라, 정치인이 미세먼지를 줄이기 위한 확고한 의지가 있었기 때문이다.

2016년에 국회입법조사처에서 '화력발전소의 미세먼지 저감 방안'에 대한 연구보고서를 발표했다. 우리도 이제 국회가 행정부를 견제 감시하는 데 그치지 않고 정책을 놓고 행정부와 경쟁을 했으면 좋겠다. 환경부가 계속 이 문제를 해결하지 못한다면 미세먼지에 관한 권한을 지방자치단체에 넘기는 입법을 국회가 시도해도 된다. 행정부가 직무유기를 하면 입법부와 지방자치단체가 나서야 한다. 오염물질 배출을 규제하면 결국 장기적으로 오염물질을 정화하는 기술이 진보하고, 오염물질 정화 비용만큼 다른 분야에서 이익을 내기 위해 혁신이 일어난다.

힘이 지배하는
국제질서 속에서의
중도적 균형

대한민국의 운명은 강대국 중국과 일본 사이에서 미국의 눈치까지 보며 줄타기 외교를 할 수밖에 없다. 북한의 위협까지 도사리고 있으니, 어느 한 국가에도 치우치지 않고 중도적 균형을 취해야 한다.

부처님은 석가족 출신이다. 당시 코살라국은 석가족보다 훨씬 강한 나라였는데, 코살라국의 파사익왕이 석가족의 공주를 아내감으로 보내 달라고 요청한다. 이에 석가족은 공주 대신 하녀를 공주인 것처럼 위장하여 보내 파사익왕과 결혼하게 한다. 파사익왕은 석가족이 보낸 하녀와의 사이에서 아들을 낳았는데, 그가 바로 유리왕이다. 유리왕이 어린 시절 외가인 석가족을 방문했다가, 자신이 하녀의 소생인 것을 알게 되고 설상가상으로 하녀의 자식이라고 모욕까지 당한다. 훗날 왕이 되고 나서 앙갚음을 하기 위해 석가족을 공격하기로 결심한다.

부처님은 유리왕이 출병했다는 소식을 듣고 길가의 고목 밑에 앉아 있었다. 왕이 부처님을 보고 "잎이 무성한 숲을 두고 왜

"

말라버린 고목 밑에 앉아 있습니까?"라고 묻자, "일가친척의 그늘이 다른 그늘보다 낫기 때문이요."라고 말했다. 강한 코살라국은 잎이 무성한 숲이고 약한 석가족은 말라버린 고목인 것이다. 유리왕은 부처님의 뜻을 받아들여 할 수 없이 되돌아갔다. 이후 다시 출병하기를 반복했지만 매번 부처님이 막아서 물러섰다.

부처님은 유리왕이 네 번째 출병했다는 소식을 듣고, '속세에 맺어진 원한은 더 이상은 막을 수 없다'며 유리왕을 막아서지 않았다. 결국 유리왕은 석가족을 멸망시킨다. 부처님은 석가족이 하녀를 공주라고 속이고 보낸 것을 잘못이라고 인정한다. 석가족은 유리왕이 석가족의 피를 받았기에 외교적으로 매우 유리한 입장이었음에도 불구하고, 오히려 일을 그르쳐 최악의 상황을 만들었다.

불교의 이상은 어느 한 국가에만 국한되면 실현되는 데 한계가 있기에, 세계적인 차원에서 구현되어야 한다. 연기가 내포하는 연생연멸(緣生緣滅)과 상의상관(相依相關)이 다른 국가와 무관할 수 없기 때문이다. 국가 내에서는 정부가 법치국가와 정의사회를 지향할 수 있지만, 국가 간의 관계에서는 정부의 역할을 대신할 주체가 없다. 유엔은 너무나 약하고 강대국에 의해 좌우되기 때문에 국제질서는 철저하게 힘이 지배하는 세상이다. 주위에 코살라국, 마가다국 등 강대국이 포진하고 있었던 석가족의 운명은 오늘날 중국과 일본의 사이에 끼여 미국의 눈치를 보아야 하는 오늘날의 대한민국을 연상하게 한다.

외교는 감정이라는 인위적 조작에 넘어가지 않고 국제정세와 현실을 있는 그대로 볼 수 있는 여실지견의 역량이 필요하다. 석가족이 강대국인 코살라국을 깔보고 결국 멸망의 길을 간 것은 자신과 남을 있는 그대로 보지 못한 어리석음이다. 우리는 미국보다도 중국에 더 많은 수출을 하고 있기에 경제적으로는 미국보다도 중국에 더 의존하고 있다. 그러나 북한의 핵 위협에 놓여 있는 우리로서는 미국과의 군사적 동맹관계가 무엇보다도 중요하다.

국내정치에 있어 모든 구성원을 동등하게 고려하여 어느 하나에 치우치지 않아야 정법국가이듯이, 국제정치에 있어서도 마찬가지의 원리가 필요하다. 어느 한 국가에 치우치지 않고 하나의 이익이나 목표에 함몰되지 않으며, 수많은 인과 연이 연기 화합하는 국제질서에서 중도적 균형을 추구해야 한다.

몽골보다 중국내에 있는 내몽골에 몽골사람이 더 많이 산다. 뿐만 아니라 내몽골이 몽골 전통문화를 더 많이 보존하고 있으며 옛날 몽골문자도 사용하고 있다. 몽골은 러시아의 식민지배를 받았던 영향으로 알파벳 문자를 사용한다. 만약 유엔이 중국의 내몽골에서 몽골사람들을 상대로 주민투표를 하면, 몽골보다 중국을 선택할 것이라고 한다. 러시아의 푸틴은 우크라이나의 일부인 크림반도를 무력으로 병합했는데, 주민투표의 결과 95%가 찬성하였기에 서방의 비난에도 불구하고 아무 일도 없는 듯이 지나갔다.

국내정치에 있어 모든
구성원을 동등하게 고려하여
어느 하나에 치우치지 않아야
정법국가이듯이, 국제정치에
있어서도 마찬가지의 원리가
필요하다. 어느 한 국가에
치우치지 않고 하나의 이익이나
목표에 함몰되지 않으며,
수많은 인과 연이 연기 화합하는
국제질서에서 중도적 균형을
추구해야 한다.

중국과 일본이 영유권 분쟁을 할 때, 중국은 21세기 최고의 전략자원이라는 희토류의 일본 수출을 금지했다. 모든 전자제품에 필수적으로 필요한 희토류는 디지털 시대에 필수불가결한 자원이며, 북한의 매장량은 중국 매장량의 6배나 되고 세계 2위라는 추정도 있다. 중국은 북한 소재 광산 등 지하자원의 거의 대부분을 장악하고 있다고 한다. 만약 북한이 붕괴한 뒤, 중국이 자산을 보호하기 위한 명분으로 북한에 진격하여 주민투표를 실시하면 북한 주민들은 과연 대한민국을 선택할까? 유엔이 주민투표를 실시하면 북한 주민들은 어느 곳을 선택할까?

통일은 우리에게 경제를 회생시킬 수 있는 절호의 기회를 제공하겠지만, 우리에겐 통일이라는 최선의 길을 갈 수 없는 태생적인 딜레마가 있다. 대한민국은 언제든지 대북강경 정책을 펴는 보수가 집권할 수 있기에, 북한이 대한민국 정부와 우호적 관계를 유지하고 싶어도 결코 지속될 수 없다. 우리도 시시각각으로 도발을 저지르는 북한과 우호적일 수 없고, '퍼주기'라는 비판을 받은 햇볕정책도 남북긴장완화에 얼마나 기여했는지 의문이 있다. 더구나 6.25전쟁의 악몽을 겪은 나이든 세대는 북한과의 우호적 관계에 결사반대다.

통일과 대한민국의 미래를 위한다면 지금과 같은 강경 일변도의 대북정책은 최선의 정책이 아니다. 하지만 정부가 국민을 설득하지 못하면, 최선의 정책이 아닌 최악의 정책으로 갈 수밖에 없다는 것이 우리의 비극이다. 현재 대한민국의 정치지형상,

최선의 정책으로 국민을 설득하기는 거의 불가능하고 최악의 정책으로 끌려가고 있는 것이 아닌가 하는 생각이 든다. 삼국통일 때 고구려 영토의 대부분을 잃었듯이, 북한이 붕괴해도 어쩌면 우리는 북한의 영토를 대부분 중국에 잃을지도 모른다. 우리의 어리석음 때문에 말이다.

북한의 핵 위협에 처해 있고 미군이 주둔하고 있는 대한민국은 군사적으로는 미국의 핵무기에 의존할 수밖에 없다. 그러나 대한민국은 미국보다도 중국에 더 많은 수출을 하고 있으니 경제적으로는 중국에도 의존한다. 중국의 경제보복만큼 미국의 경제보복이 두렵다면, 양쪽의 균형을 유지하며 실리를 취해야 한다. 북한이 붕괴되었을 때 통일이 되려면 중국의 협조가 절대적으로 필요하다. 그러므로 정말 통일을 원한다면 중국과 미국 사이에서 줄타기 외교를 할 수밖에 없다. 그러나 한 정당이 강경노선을 취할 때, 줄타기 외교를 하는 정당은 종북으로 몰려 불리할 수밖에 없다. 최선이 불가능한 남북관계에서 진보정당의 대북정책은 차별화를 시도할수록 딜레마에 빠지게 되어 있다.

대한민국의 정치지형에서 진보정당이 대북성책에서 차별화를 시도하면 할수록, 대북정책 이외의 영역에서 정책 경쟁은 실종되고 종북몰이만 득세하게 된다. 북한의 위협이 커질수록 재미를 보는 것은 종북몰이를 하는 세력이다. 정권을 잡으려면 중도층을 끌어안아야 과반수 득표가 가능하다. 소수의 열렬한 지지자에게 넘어가면 집권은 항상 다음을 기약할 수밖에 없다.

최선이 불가능한 남북관계에서 진보정당은 대북정책에서 차별화를 시도하지 말고 무조건 국민의 뜻에 따라야 경제와 사회 분야에서 진정한 정책 대결이 가능하다. 대북정책을 놓고 경쟁하는 것보다 대한민국 경제를 살리고 국민의 생존기본권을 보장하는 일이 더 시급하다.

부처님은 석가족과 코살라국의 관계는 속세에 맺어진 원한의 관계라고 했다. 우리나라와 일본의 관계도 속세에 맺어진 원한의 관계이므로 가장 풀기 어려운 관계다. 우리가 코살라국처럼 강하다면 일본에 대한 원한을 풀 수 있겠지만, 일본은 과거의 잘못에 대해 사과하기는커녕 아직도 가해자로서 원한을 더욱 깊게 만들고 있다. 일본보다 더 강한 나라가 되지 않는 한 이 원한은 결코 풀리지 않는다.

우리는 일본을 역사를 왜곡하는 국가로 비판하고 있지만 대한민국에도 끊임없이 역사를 왜곡하려는 사람들이 있다. 우리는 일본 내 소수 극우주의자를 괘씸하게 생각하지만, 우리나라에도 극단적인 사고를 하는 집단이 없는지 잘 반성해볼 일이다. 일본은 중국이 부상하기 전에 오랜 기간 동안 GDP 세계 2위의 경제대국이었지만, 국제사회에서 그에 걸맞은 리더십을 발휘하지 못했다. 우리가 정신적으로 건강하고 균형 잡힌 정의사회를 구현할 때, 비록 GDP는 일본에 뒤떨어지지만 일본을 꾸짖을 수 있는 품격 있는 나라가 될 수 있다.

강한 군대와 일자리
창출이라는 두 마리 토끼

시민개병제였던 로마제국은 약한 전투력이 드러나자 군모병제로 전환했다. 그 결과 전력이 강화되고 실업자들이 일자리를 얻게 되어 사회가 안정되는 효과까지 얻었다.

언젠가 북한 잠수함이 동해안에 좌초된 적이 있다. 상륙한 북한 군을 수색했는데 병사들이 잔뜩 겁을 내고 전진하지 않아, 결국 장교가 앞장서서 수색 작업을 했다. 언론에 신세대 병사들의 문제를 한탄하는 글이 잠깐 실리기도 했는데, 대한민국 군대의 치부여서인지 흐지부지되었다.

우리 아이들은 태어나자마자 대학입시 준비라는 전쟁에 투입된다. 항간에 대학입시 성공의 3요소는 할아버지의 재력, 아빠의 무관심, 엄마의 정보력이라는 이야기도 나돈다. 입시제도가 복잡해질수록 부잣집 자녀는 유리하고 서민의 자녀는 불리하다. 대한민국의 입시제도는 입학사정관제도 등으로 점점 더 복잡해져서 정보력을 담당한 엄마의 역할이 엄청 중요해졌다. 다만 이런 식의 입시전쟁에만 몰두하다 보니 아이들의 생활습관

자기 목숨을 바칠 각오가 되어
있는 사람을 선발해 훈련시켜도
좋은 군인을 만들기 쉽지 않을
텐데, 국방의 의무라는 이유로
군대에 입대한 우리 아이들이
과연 좋은 군인이 될 수 있을까.
전투력을 강화하려면 모병제를
실시해야 한다. 대신 모든
젊은이들에게 2개월의 기본
교육을 마치게 하고, 유사시에는
스위스처럼 군인으로 전환할 수
있는 체제를 구축해야 한다.

과 사고방식은 점점 의존적으로 되어가고, 절제력과 인내심의 배양 같은 인성 교육은 뒷전일 수밖에 없다. 요즘 부모들이 자식의 못마땅한 생활습관을 못 본 채 지나가는 것을 '유령 놀이'라고 한다. 지적해봐야 소용도 없고 사이만 나빠지니, 마치 유령을 본 듯 못본 척 지나간다는 것이다.

어느 날 한 지인이 "딸이 자기 방 청소도 하지 않아 방이 마치 쓰레기통 같습니다. 이러다가 시집가서 잘 살 수 있으려나 걱정이 되네요."라며 한숨을 쉬길래, 농담처럼 한마디 해줬다. "그런 딸이랑 그런 아들이 결혼해서 사니까 그냥 그렇게 살게 되요." 아이들을 걱정하다보면 끝이 없지만, 막상 취업하면 대다수는 근로시간 세계 최고 수준의 직장에서 버텨나간다. 다만 어렸을 때부터 보다 잘 교육시키지 못하고 대학입시에만 매달린 것이 아쉬울 뿐이다.

예전에는 군인을 보면 '대한민국을 지키는 군인 아저씨'라며 든든해했는데, 자식이 군대에 간 뒤에는 '아무 것도 모르는 연약한 애들이 과연 나라를 잘 지킬 수 있을까' 걱정이 된다고 한다. 진정 북한의 위협이 걱정되고 안보가 가장 중요하다고 생각된다면, 현재의 징병제를 직업군인제도인 모병제로 바꿔야 한다.

자기 목숨을 바칠 각오가 되어 있는 사람을 선발해 훈련시켜도 좋은 군인을 만들기 쉽지 않을 텐데, 국방의 의무라는 이유로 군대에 입대한 우리 아이들이 과연 좋은 군인이 될 수 있을까. 국방부야 당연히 모병제를 반대하겠지만, 전투력을 강화하려면 모병제를 실시해야 한다. 대신 모든 젊은이들에게 2개월의 기본 교육을 마치게 하고, 유사시에는 스위스처럼 군인으로 전환할 수 있는 체제를 구축해야 한다.

통일은 대한민국 경제를 침체의 위기에서 구해 선진국으로 도약시킬 수 있는 민족사 최대의 기회다. 통일이 된다면 한국은 스위스처럼 영세중립국을 선언하고, 온 국민이 최후의 1인까지 항쟁할 수 있는 민병대로 군대를 대체해야 한다. 남북통일 후 중국, 러시아, 일본 등 인접한 국가들과 군비경쟁을 한다는 것은 어리석은 일이다. 대신 군비를 다른 곳에 투입시켜 이들 국가보다 더 우수하고 강한 나라가 되어야 한다. 문화가 꽃 피우고 도덕이 바로 선 나라가 되면, 국제사회의 비난을 무릅쓰고 무력으로 침공하기는 쉽지 않을 것이다.

모병제를 하면 단순히 전투능력만이 아니라 IT기술, 기계수리, 리더십, 관리능력, 인간관계 등 군대와 관련된 많은 기술과 자질을 습득할 수 있는 교육기회를 청년에게 제공한다. 무엇보다도 규칙적이고 절제된 생활습관은 청년이 군인으로서 습득하는 가장 중요한 경쟁력이 될 것이다. 군대는 의식주를 해결해주고 군인연금도 제공되기에, 양질의 일자리가 창출되어 많은 청년들이 지원할 것이다.

로마는 처음엔 시민개병제(市民皆兵制)였으나, 스파르타쿠스의 반란을 진압하는 과정에서 의외로 약한 전투력이 드러나자 모병제로 전환했다. 그 결과 전력이 강화되고 실업자들이 일자리를 얻게 되어 사회가 안정되는 효과까지 얻었다. 강한 군대와 일자리 창출이라는 두 마리 토끼를 모두 잡은 로마제국의 교훈을 되새겨보자.

정치인 대신 국민이
정치하는 사회

—

만약 모든 국민이 인터넷을 통해 투표할 수 있는 전자투표시스템을 구축한다면, 정치인 대신 국민이 정치하는 사회를 구현할 수 있다. 효율적이고 즉각적인 직접 민주주의가 가능한 시대다.

지난 2006년 정부혁신지방분권위원장을 맡아 정부개혁에 참여했을 때다. 선거관리위원회와 전자투표 프로젝트를 논의한 적이 있었다. 전 국민이 인터넷을 통해 투표할 수 있는 시스템 구축이 기술적으로 충분히 가능하지만, 선거관리위원회에서 전자투표는 대리투표 문제 등이 있기 때문에 실행하기에는 시기상조라며 반대했다. 결국 전국민전자투표시스템의 구축은 무산되었지만, 지금 생각해보니 일단 시스템을 구축해놓고 사용할 수 있는 영역을 점점 넓혀 갔더라면 하는 아쉬움이 남는다. 벌써 10년이 넘은 옛날 일이다. 이제는 기술적으로 훨씬 더 저렴한 비용으로 전국민전자투표시스템을 구축할 수 있다.

만약 모든 국민이 투표할 수 있는 전자투표시스템을 구축한다면, 대통령 선거나 국회의원 선거에 활용하지 않더라도 여러

가지 용도로 사용할 수 있다. 예를 들어 정치스캔들이나 부패스캔들로 국민의 분노가 대한민국을 뒤덮을 때, 수사나 법원의 판결에 앞서 국민의 의사를 수집할 수 있다. 여론조사는 항상 샘플을 뽑아 조사하기 때문에 조작이나 대표성 논란이 있다. 게다가 대한민국에서 여론조사에 대한 응답률은 20%가 안 되는데 미국에서는 이 정도의 응답률이라면 여론조사로 인정되지도 않는다. 전 국민의 의사를 수집할 수 있는 전국민전자투표시스템은 표본을 추출하는 조사가 아니라 전수조사이므로 차원이 다르다.

또한 전국민전자투표시스템은 집단서명에도 활용될 수 있다. 예를 들어 홍준표 경남지사에 대한 불만으로 경남도민들이 주민소환 운동을 시작했었다. 주민소환 투표를 하기 위해서는 272,032명의 청구서명이 필요한데 8,395명이 부족하여 주민소환 투표 청구가 기각되었다. 만약 전국민전자투표시스템이 구축되어 주민소환 제도에 사용할 수 있었다면 이야기가 달라졌을지 모른다.

미국에서 공부할 때 가끔 지역구 의원으로부터 주민의 의견을 묻는 편지가 배달되곤 했다. 나는 선거권이 없는데도 선거권이 있다고 착각해서 보내온 편지였으며, 지역구 의원이 의회에서 투표할 때 참고하기 위해서 주민의 의견을 수집하는 설문이었다. 만약 전국민전자투표시스템이 구축되어 있다면 의원들이 수시로 주민의 의견을 수렴할 수 있다. 2016년 교육부에서 국정교과서 시행에 관하여 의견을 수렴한 적이 있다. 마감일 하루 전

전국민전자투표시스템이
구축되어 있다면, 구태여
국회의원에게 주요의사결정을
위임할 필요 없이 국민이 직접
결정할 수도 있다. 주민소환,
주민투표 같은 절차는
아주 신속하고 효율적으로
시행될 수 있다. 궁극적으로
전국민전자투표시스템을 이용해
국회의원선거, 지방자치선거,
대통령선거를 할 수 있다.

까지는 반대가 63%로 많았는데, 마감일에 대거 찬성 의견이 접수되어 찬성이 65%가 되었다. 반대 측은 찬성 측이 우호적 단체를 동원했다고 주장하는데, 전국민전자투표시스템을 구축하면 이런 일은 아예 불가능하다.

전국민전자투표시스템이 구축되어 있다면, 구태여 국회의원에게 주요의사결정을 위임할 필요 없이 국민이 직접 결정할 수도 있다. 스위스는 주요의사결정을 의회의 의결이 아닌 주민투표로 결정한다. 선거에 의해 선발된 정치인이 국민의 요구에 부응하지 못하면, 다음 선거 때까지 기다릴 필요 없이 전국민전자투표시스템을 통해 투표하고 결과에 따라 즉각 해임안을 처리할 수 있다. 전국민전자투표시스템이 구축되면 주민소환, 주민투표 같은 절차는 아주 신속하고 효율적으로 시행될 수 있다. 궁극적으로 전국민전자투표시스템을 이용해 국회의원선거, 지방자치선거, 대통령선거를 할 수 있다.

대리 투표의 문제 등이 있다고 하지만 내가 보기엔 정부의 시스템 조작이 더 위험한 문제다. 문제점을 보완하면서 조금씩 적용범위를 넓혀가면 언젠가는 대통령도 전국민전자부표시스템으로 선출할 수 있다. 정치인과 정당의 역할이 축소되고 궁극적으로 없어질 수도 있는 직접민주주의의 시대가 도래한 것이다. 국민이 뽑은 몇몇의 정치인이 아닌 모든 국민이 의사결정에 참여할 때 갈등이 최소화될 수 있다.

만약 전국민전자투표시스템이 구축되면 모든 국민이 회원

으로 참여하는 '대한민국 홈페이지'를 구축할 수 있다. 투표만 직접 한다고 직접민주주의가 아니며 홈페이지에서 온 국민이 대화와 토론을 통해 정치에 참여해야 한다. 선거관리위원회가 최소한의 관리만 하고 자율적으로 운영하면 주민투표에 앞서 찬성과 반대 의견을 자유롭게 개진할 수 있다. 스위스는 작은 국가이기 때문에 인터넷이 등장하기 전부터 직접민주주의를 실행해오고 있었다. 웬만한 정치 안건은 주민의 투표에 의해 결정된다. 이제 인터넷의 활성화로 우리는 스위스와 같은 직접민주주의를 구현할 수 있게 되었다. 만약 정치인을 불신한다면 직접민주주의를 한 번 시도해볼 일이다.

정부도 시장도 시민사회도 각각 독자적인 실체가 없고 공하며 상호 연기하는 존재이다. 정부는 시장과 시민사회가 있기에 성립하며 시장도 정부와 시민사회가 있기에 작동한다. 과거에는 정부, 시장, 시민사회가 엄격하게 구분된다고 생각하고, 각자 해결하지 못하는 일은 둘 혹은 셋이서 해결하는 것은 상상도 하지 못했다. 요즘은 둘 혹은 셋이서 공동으로 해결하는 시대가 되었는데, 이것이 바로 협치의 원래 의미다. 그동안 시장과 정부에 비해 시민사회가 약하고 모래알처럼 흩어져 있어, 국가는 시장과 정부에 치우쳤으며 중도적 균형을 결여했다. 대한민국 홈페이지의 구축은 시민사회의 강화를 통해 불교중도국가가 시작되는 신호가 될 것이다.

불교가 추구하는
이상국가의 정책

부처님의 가르침을 현실정치에 대입해 적용하면, 불교이상국가의 모습이 드러난다. 중도, 정법, 복지국가를 지향하지만, 가장 중요한 것은 끊임없이 최적의 정책을 모색하는 혁신국가의 모습이다.

불교이상국가는 극단을 추구하지 않으며 중도적 균형과 조화, 협력적 공존관계를 특징으로 하는 중도국가다. 법치를 근간으로 정의로운 사회를 건설하기 위해 치우치지 않고 억울한 사람이 없도록 하는 정법국가다. 가난한 사람에게 생존의 기본권을 보장해주는 복지국가다. 총체적이고 지속적인 개혁을 통해, 모든 것이 변하는 세상에서 끊임없이 최적의 정책을 모색하는 혁신국가다.

연기의 세계에서 리더십이란 신뢰할 수 있는 리더와 신뢰할 수 있는 국민으로 구성된 공동생산물이다. 정치 또한 리더와 국민의 공동생산물이기에 리더의 신뢰성과 국민의 신뢰성이 합쳐질 때 비로소 좋은 정치가 가능하다. 불교경전은 국민의 의무에 대해, 단합하고 화목하며 음탕하지 않고 나쁜 말을 전하지 않으

며 재물을 탐내지 않아야 한다고 제시한다. 리더만 탓하는 국민
은 결코 좋은 정부를 만들 수 없기에, 바람직한 리더와 깨어 있
는 국민이 불교이상국가를 만든다. 정치인과 국민은 누가 먼저
일 것도 없이 모두 변해야 좋은 세상을 만들 수 있다. 나도 변하
고 세상도 변해야 한다.

대기업, 소상공인, 자영업자, 중산층, 서민이 모두 치우치지
않는 힘의 균형을 유지하면서 화쟁의 정신으로 통합을 이루는
나라가 불교이상국가다. 개별 국민은 자신의 이익과 전체의 이
익이 조화를 이를 수 있는 자리이타의 정신으로 생각하고 행동
한다. 온 국민은 혼자 힘으로는 빛을 낼 수 없지만 다른 사람의
도움으로 빛을 내는 인드라망처럼 인터넷, 모바일, IT기술을 통
하여 집단지능의 힘을 유감없이 발휘한다. 정치인은 국민이 선
발한 평등한 국민으로서 국민의 행복을 위해 봉사한다.

바람직한 정책이 갖추어야 할 특징을 불교교리에 비추어보
면 8가지로 요약할 수 있다.

첫째 유연성이다. 불교는 이분법과 흑백논리를 배격하며 집
착을 경계하니, 변화에 따라 유연해질 수밖에 없다.

둘째 다양성이다. 불교는 정답이 있다는 고정관념에 얽매이
지 않으며 조건과 환경에 따라 오직 임시적인 결과만이 존재한
다고 믿기에 다양성을 지향한다.

셋째 개방성이다. 불교는 한국의 전통신앙마저 흡수할 정도

리더만 탓하는 국민은 결코
좋은 정부를 만들 수 없기에,
바람직한 리더와 깨어 있는
국민이 불교이상국가를 만든다.
정치인과 국민은 누가 먼저일
것도 없이 모두 변해야 좋은
세상을 만들 수 있다. 나도 변하고
세상도 변해야 한다.

로 포용적이며 타종교에 대해서도 열린 마음을 갖는다. 따라서 개방성은 포용성을 포함한다.

넷째 합리성이다. 부처님은 제자들에게 당신의 주장이라고 무조건 수용하지 말고, 이치에 맞으면 수용하라고 말씀하신다. 부처님에게 의지하지 말고 오직 진리〔法〕에 의존하라는 말씀 또한 이성에 부합하는 합리성을 의미한다. 아인슈타인이 부처님을 '과학의 아버지'라고 불렀을 정도로, 불교는 과학과 조화를 이루기에 합리성은 과학성을 포함한다.

다섯째 합법성이다. 불교가 추구하는 이상국가는 정법국가이므로 모든 정책은 법치행정에 기초해야 한다. 부처님 또한 나라의 법을 수용하는 자세를 견지했다.

여섯째 민주성이다. 불교교단은 만장일치를 원칙으로 했으며 반드시 투표하도록 강제했다. 또한 집단적으로 모여 잘못을 반성하고 대화하는 정신으로 교단이 운영되었다. 교단 내에서는 모두가 평등했고 1인 1표를 행사했기에 민주성은 평등성을 포함한다.

일곱째 혁신성이다. '모든 것이 변한다'고 생각하는 불교이기에, 끊임없이 변화하지 않으면 불교적일 수가 없다. 부처님은 계율을 제정할 때도 끊임없이 변화하는 조건과 환경에 따라 수정하고 보완했다.

여덟째 자비성이다. 불교는 자비의 종교다. 불교경전에 나타난 정부는 자비로운 정부이며, 정부의 정책은 약자의 생존기본권을 보장하는 자비로운 정책이다.

불교의 관점에서 바람직한 정책이란 유연하고 다양하며, 개
방적이고 합리적이며, 합법적이고 민주적이며, 혁신적이고 자비
로운 정책이다.

우리가 꿈꾸는
미래의 대한민국

행복은 나와 세상의 변화로 가능한 꿈이며, 현실정치를 통해 이룰 수 있다. 우리가 꿈꾸는 세상은 이상이 아니다. 일단 투표장으로 첫발을 내딛어보자. 첫발을 내딛으면 절반이 이루어진다.

여러분은 어떤 세상을 꿈꾸는가? 우리가 함께 꿈꾸어야 할 세상을 다음과 같이 제시해본다.

길거리에 최고급 승용차가 눈에 띄게 줄었고, 초호화 저택도 수요가 많이 줄었다. 승용차나 주택에 있어 절제하는 사회가 불교적 소욕지족의 사회다. 스스로 절제하는 이러한 부자가 대부분이기에 부자를 적대시하지 않고, 부자도 자기가 잘나서 돈을 번 것은 아니라는 겸손이 있기에 부자와 서민 사이에 괴리가 없다. 인구는 적어도 전 세계에서 머리가 제일 좋은 대한민국의 일당백 국민이 똘똘 뭉치니, 몇 억의 인구를 가진 국가와도 겨룰 수 있다.

아침이면 일어나서 물 한 잔 마실 때도 환경호르몬이 검출

되는 물병에 담긴 물이 아닌가 걱정하지 않고, 마시는 우유에는 감기약보다 더 많은 항생제가 있지 않을까 컵을 들여다보지 않아도 된다. 각종 첨가물, 원산지 표시, 유통기한, 유기농 표시를 믿을 수 있고, 미세먼지 세계 최악의 국가에서 탈피하여 WHO의 미세먼지 기준에 따른 맑은 공기를 마실 수 있다. 비료와 농약 사용이 OECD 최고 수준의 국가에서 최소 수준의 국가로 향상되어, 아침 보약이라는 사과를 껍질째 먹는 즐거움도 누린다. 정부가 발표하는 각종 자료와 정보는 거짓이 없고, 네티즌이 집단지능으로 끊임없이 검증하니 오류도 금방 수정된다.

아침에 출근할 때 지하철이나 버스를 타더라도 편안하게 서 있을 공간이 있으니, 틈틈이 휴대폰을 들여다보고 책을 읽는 재미가 좋다. 세계 2위의 근로시간이 국민소득에 합당한 수준으로 내려간 덕분에, 일하는 시간이 활기차고 저녁식사도 가족과 즐길 수 있다. 아무리 중병에 걸려도 모든 비용은 보험에서 보장해주니 얼마나 안심되는지 모른다. 신혼부부에게 공공임대주택을 보장해주고, 아이가 태어나면 나라에서 맡아 보육해주니 연애·결혼·출산 중 하나도 포기할 필요가 없다.

적성에 맞지 않아 직장에 사표내고 그만 두더라도, 다른 직장 알아볼 때까지 먹고 살게 해주는 정부가 있으니 세금 내는 게 아깝지 않다. 세금이 인상되고 연봉은 줄었어도 언제든 내쫓길 수 있는 계약직이 아니고, 내게 잘못이 없고 열심히 일하는 한 공무원처럼 정년을 보장해주니 더 이상 불만은 없다. 비정규직은 정규직보다 더 높은 봉급을 받고 어쩌다 해고된 정규직도 새 직장을 얻을 때까지 나라에서 교육훈련을 시켜주고, 은퇴해도 죽을 때까지 먹고 사는 일을 해결해주기에 노후를 위해 불필요하게 돈을 움켜쥘 필요가 없다. 수단 방법을 가리지 않고 돈을 벌어봐야 소득이 어느 수준을 넘어서면 세금이 많아지기 때문에, 구태여 남을 속이고 괴롭혀서 돈을 벌 필요가 없다.

"기업가 정신의 본질인 창의력은 흔히 궁핍의 자극을 받는다. 돈이 없고 배가 고프면 창의력이 생긴다."는 세계적인 기업인 아니타 로딕의 말대로, 부자가 아니기 때문에 오히려 모험과 혁신의 기업가 정신이 넘쳐나는 창업자의 나라가 대한민국이다. 부자가 되어도 어느 정도 이상의 재산은 모을 필요도 없고 모을 수도 없기에, 자신의 능력과 노력 이상의 재산이 축적되었다고 생각하면 스스로 소외된 계층을 위해 기부하는 노블레스 오블리주가 대한민국의 규범과 관행으로 자리 잡았다.

4차 산업혁명으로 인해 일자리를 잃었어도 정부가 재교육을 시켜주고 다시 취업할 때까지는 실업급여를 주기에, 구태여 적성에도 맞지 않는 9급 공무원 시험 준비를 안 해도 된다. 기업은 한없이 커질 수 있지만 개인의 소득과 재산은 어느 수준을 넘으면 커지기 어려운 법과 관행 때문에, 사람들은 더 이상 '돈, 돈' 하지 않고 진정으로 좋아하고 잘하는 일을 직업으로 선택한다. 상위 부자는 모조리 상속자인 나라에서 대부분이 창업자인 역동적이고 혁신적인 나라로 변화되었기에, 청년 창업자부터 은퇴

창업자까지 넘쳐난다.

　무엇이든 배우고 싶으면 거의 공짜나 다름없이 배울 수 있는 평생교육시스템이 갖추어져 있기에, 나이가 들어서도 취업을 하고 기술의 진보에 뒤떨어지지 않는다. 생존 기본권을 보장해주는 의교주에 대해서는 돈이 없다는 예산타령을 들어볼 수 없기에, 정부에 대한 반감도 거의 없다. 청년은 헌법에 보장된 근로의 권리를 보장받아 누구나 일할 수 있으므로, 청년의 세금으로 노인의 복지가 보장되어도 아깝지 않다. 태어나서 죽을 때까지 보장되는 복지시스템으로 인해 구김살 없이 살아왔기에, 국민의 눈에는 분노가 없고 말에는 독기와 혐오가 없으며 사람 사이의 교류엔 따뜻함이 흐른다. 힘든 일이 생길 때마다 사회의 희생양을 만들어 그들 탓이라고 분풀이하는 어리석은 국민도 없다.

　모험과 혁신으로 신성장기업과 벤처기업이 성공하자, 새로운 시장과 일자리가 만들어지고 세금이 더 걷혀 어느새 줄어들었던 봉급도 원래의 수준을 회복하였다. 소상공인과 자영업자들이 진을 친 뒷골목에 활기가 차고 대기업은 세계를 무대로 활약을 한다. 기업은 한없이 성장하지만 부자의 소득과 재산은 일정 규모가 넘으면 세금과 자발적 기여에 의해 억제되기에, 지나친 빈부격차가 없는 대한민국을 벤치마킹하고자 전 세계에서 오늘도 사람들의 방문이 끊이지 않는다.

　세계에서 가장 부자 나라는 아니지만 문화예술과 학문의

이제 더 이상 내 탓도 남의 탓도
그만하고, 세상을 한번 바꿔보자.
행복은 나와 세상의 변화로
가능한 꿈이며, 정치를 통해
이룰 수 있다. 일단 투표장으로
첫발을 내딛어보자. 인드라망
불국정토의 꿈은 첫발을
내딛으면 절반이 이루어진다.

수준이 한없이 높은 나라, 정치수준이 높아 국제사회에서 부자나라보다 리더십을 더 발휘하는 나라, 세계적 기업 순위에는 대한민국 기업이 여럿 들어가지만 세계적 부자 순위에는 대한민국 부자가 한 명도 없는 나라, 아름답고 자랑스러운 대한민국이다.

갈등, 증오, 혐오가 가득하던 정치의 장에 반대의견을 수용하는 정치문화가 자리잡자, 대립과 반목이 사라지고 공기마저 부드러워진 느낌이다. 나라의 주요한 의사결정은 못된 정치인에게 맡기지 않고, 휴대폰으로 대한민국 홈페이지에 접속해서 전 국민전자투표시스템을 이용하여 직접 투표할 수 있다. 선거 때 속아서 정치인을 잘못 선택했다면, 다음 선거까지 기다릴 필요 없이 휴대폰으로 해고하는 국민소환을 실행할 수 있다. 대한민국 홈페이지에 접속하면 집단지능이 제공하는 각종 정보와 자료가 있고, 언론과 정치인의 그 어떤 조작과 음모도 분쇄할 수 있는 전자민주주의가 있다.

정부, 시상, 시민사회는 독자적으로 존재한다기보다 상호의존적으로 상의상관하며 경제활동을 전개한다. 대기업, 중소기업, 소상공인, 자영업자 모두가 승자독식과 무한경쟁이 아닌, 동등하고 협력적인 경제관계를 맺는다. 모든 개인과 기업은 자신만으로는 존재할 수 없다는 것을 깨닫고, 자리이타의 마음으로 단기적 효율성과 불공정한 경쟁을 탈피하여 장기적 효율성과 공존적 경쟁을 추구한다. 또한 자리이타의 마음을 가진 개인과 기업은 윤리적인 자세를 가지고 혁신과 모험을 통해 경제를 발전시키고 국민의 행복을 추구한다.

세상의 규율은 법만으로는 부족하다는 것을 알기에 윤리, 규범, 관행을 통해 보다 나은 대한민국을 만들기 위해 온 국민이 노력한다. 좋은 말과 행동은 언론과 인터넷을 통해 끊임없이 격려되고, 나쁜 말과 행동은 국민의 질책을 통해 소멸된다. 글로벌 스탠다드에 맞는 윤리, 규범, 관행을 정착시키기 위해 대화와 토론을 통해 끊임없이 수정하고 보완한다.

이것이 바로 현실정치를 통해 이룰 수 있는 인드라망 불국정토다. 이상과 목표를 위해 헌신하고 목숨까지 바치는 낭만적인 시대는 가고, 현대는 이익과 즐거움을 추구하는 실용적인 현실의 시대다. 사람들은 정의로운 역사를 만들기보다는 세상의 부속품으로 만족하며 살려고 할 것이다. 이상과 목표를 위해 세상을 변화시키기보다는 이익과 즐거움을 위해 세상에 순응하는 사람이 넘쳐나지만, 불교만이라도 진정 부처님의 중생구제와 고통해결을 이상으로 삼아 인드라망 불국정토를 추구해야 한다.

인드라망 불국정토는 세계정부를 지향할 수밖에 없다. 대한민국 내에서의 지나친 빈부격차도 문제지만 국가 간의 지나친 빈부격차는 전 지구상의 문제다. 현실적으로 대단히 어려운 일임에는 분명하지만, 불교의 이상인 중생구제와 고통의 소멸은 세계화의 시대에는 오직 세계국가 차원에서만 실현될 수 있다.

세계를 향해 문을 닫는 폐쇄적 국가와는 달리, 개방적이고 포용적인 자세로 전 세계의 정신세계를 이끌어야 한다.

가끔 영화를 보면 교통사고, 살인, 강도, 소송, 화산폭발, 지진, 혜성충돌 등 정말 끔찍한 일이 일어난다. 100세 시대를 사는 현대인은 이런 일을 평생에 몇 번은 겪을 각오를 해야 한다. 안 좋은 일이 일어날 때 신앙심이 깊은 유태인들은 '내가 최근 교회에 열심히 나가지 않았는데, 지난번 예배에 빠졌는데'라며 죄책감에 빠져, 나쁜 일이 자기 탓이라고 생각한다. 중세시대 페스트가 전 유럽에 퍼졌을 때 인구의 1/3이 죽었는데, 많은 사람들이 인간의 잘못 탓으로 생각하여 교회에 모여 회개하고 자신의 몸에 채찍질을 하는 등 온갖 고행을 자행했다. 교회에 모여 회개할수록 전염병인 페스트는 더욱 퍼져갔다.

이제 더 이상 내 탓도 남의 탓도 그만하고, 세상을 한번 바꿔보자. 행복은 나와 세상의 변화로 가능한 꿈이며, 정치를 통해 이룰 수 있다. 일단 투표장으로 첫발을 내딛어보자. 인드라망 불국정토의 꿈은 첫발을 내딛으면 절반이 이루어진다. 이 얼마나 좋은가!

부처님의 가르침을 현실정치에 대입해 적용하면,
불교이상국가의 모습이 드러난다.
그것은 양극단을 버리고 조화로움을 추구하는 중도국가다.
법치를 근간으로 억울한 사람이 없도록 하는 정법국가다.
소외되고 고통 받는 이들에게 생존의 기본권을 보장해주는
복지국가다. 그리고 모든 것이 변화하는 세상에서
끊임없이 최적의 정책을 모색하는 혁신국가의 모습이다.

2017년 4월 28일 초판 1쇄 발행

지은이 윤성식
발행인 박상근(至弘) • 편집인 류지호 • 편집 김선경, 양동민, 이기선, 주성원
디자인 쿠담디자인 • 제작 김명환 • 전략기획 유권준, 김대현, 박종욱, 양민호 • 관리 윤애경
펴낸 곳 불광출판사 (03150) 서울시 종로구 우정국로 45-13, 3층
　　　　대표전화 02) 420-3200 편집부 02) 420-3300 팩시밀리 02) 420-3400
　　　　출판등록 1979. 10. 10. (제300-2009-130호)

ISBN 978-89-7479-342-5 (03220)

이 도서의 국립중앙도서관 출판예정도서목록(CIP)은
서지정보유통지원시스템 홈페이지(http://seoji.nl.go.kr)와
국가자료공동목록시스템(http://www.nl.go.kr/kolisnet)에서 이용하실 수 있습니다.
(CIP제어번호: CIP2017009660)

잘못된 책은 구입하신 서점에서 바꾸어 드립니다.
독자의 의견을 기다립니다. www.bulkwang.co.kr
불광출판사는 (주)불광미디어의 단행본 브랜드입니다.